高尔夫球运营管理

国家体育总局科教司　组编

郑青　曹炜　杜林颖　主编

中国教育出版传媒集团

高等教育出版社·北京

内容简介

　　本书为国家体育总局科教司组织编写的新时代高等职业学校体育专业教材。本书是依据《职业教育专业简介（2022 年修订）》《高等职业学校高尔夫球运动与管理专业教学标准》的要求，以高尔夫球运动与管理专业多门核心课程规定的主要教学内容为基础编写的，主要内容包括高尔夫球俱乐部运营管理、高尔夫球市场营销管理、高尔夫球练习场与专卖店运营管理、高尔夫球童管理、高尔夫球赛事运营管理、高尔夫球场草坪养护与管理、高尔夫球场草坪机械管理等。

　　本书既可作为高等职业学校高尔夫球运动与管理专业核心课程教材，也可作为高尔夫球俱乐部从业人员、高尔夫球教练员和运动员及高尔夫球爱好者的学习用书。

图书在版编目（ＣＩＰ）数据

　　高尔夫球运营管理 / 国家体育总局科教司组编 ；郑青，曹炜，杜林颖主编. -- 北京 : 高等教育出版社，2024.5
　　ISBN 978-7-04-060501-3

　　Ⅰ．①高… Ⅱ．①国… ②郑… ③曹… ④杜… Ⅲ．①高尔夫球运动-运营管理-高等职业教育-教材 Ⅳ．①G849.3

　　中国国家版本馆CIP数据核字(2023)第090411号

高尔夫球运营管理
Gaoerfuqiu Yunying Guanli

| 策划编辑 | 易星辛 | 责任编辑 | 易星辛 | 封面设计 | 裴一丹 | 版式设计 | 于　婕 |
| 责任绘图 | 杨伟露 | 责任校对 | 商红彦　吕红颖 | 责任印制 | 刁　毅 | | |

出版发行	高等教育出版社	网　　址	http://www.hep.edu.cn
社　　址	北京市西城区德外大街 4 号		http://www.hep.com.cn
邮政编码	100120	网上订购	http://www.hepmall.com.cn
印　　刷	河北鑫彩博图印刷有限公司		http://www.hepmall.com
开　　本	787mm×960mm　1/16		http://www.hepmall.cn
印　　张	13.25		
字　　数	220 千字	版　　次	2024 年 5 月第 1 版
购书热线	010-58581118	印　　次	2024 年 5 月第 1 次印刷
咨询电话	400-810-0598	定　　价	27.50 元

本书编写组

主　　编： 郑　青　曹　炜　杜林颖

副 主 编： 陈巨红　周徐娜　孙　娟　郑　归

参编人员： 周华庭　王绍建　龚　平　黄　明　谢　莉　刘　娟
　　　　　　黄　智　蒋　平　邓　星　张　青　张海珍　谭　霞

编写说明

为贯彻落实党的二十大精神、《关于深化现代职业教育体系建设改革的意见》以及全国职业教育大会精神，依据《职业教育专业简介（2022年修订）》《高等职业学校高尔夫球运动与管理专业教学标准》等文件要求，围绕高尔夫球运动与管理专业学生的需求，编写组组织编写了《高尔夫球运营管理》教材。

高尔夫球运动是集合休闲、健身、娱乐和社交等于一体的休闲运动项目，是一项高雅的运动，是人们休闲生活方式之一。高尔夫球运动是一项职业化很强的项目，其对从事高尔夫球运动运营管理工作人员的职业素养、职业技能等方面有一定的要求。为回应"培养什么人、怎样培养人、为谁培养人"这一根本问题，编写组多次调研，了解教学需求，开展编写工作。本教材主要凸显以下几点特色：

第一，实现价值引领。本教材通过透显高尔夫球运动的精神和高尔夫球运营管理人员的职业素养，让学生体会崇尚自然、尊重规则、讲究诚信礼仪的高尔夫球运动精神以及精益求精、团结协作的职业素养等内容，提高对高尔夫球运动项目、高尔夫球运动从业人员的认识。

第二，对标专业要求教学标准。本教材的编写是依据《职业教育专业简介（2022年修订）》《高等职业学校高尔夫球运动与管理专业教学标准》文件要求，围绕高尔夫球运动与管理专业核心课程——高尔夫球俱乐部管理、高尔夫球童服务实务、高尔夫球赛事组织与管理、高尔夫球市场营销、高尔夫球场草坪与管理等方面的要求，集中体现了多门专业核心课程的主要教学内容，系统地展示了高尔夫球运营管理方面的内容。

第三，内容实用适用。本教材对标《高等职业学校高尔夫球运动与管理专业教学标准》，从高尔夫球运动与管理专业学生所需的专业知识、技术技能出发，同时以就业需求为导向，从高尔夫球运营管理的基点——高尔夫球俱乐部的运营管理出发，分设七章，由点及面、由理论到技能，层层递进，并且每章配有案例，引发学生对理论知识、实践体验的思考和探索，培养学生的创新意识，提升学生的思考能力和实际操作能力。

本教材由湖南高尔夫旅游职业学院、山西体育职业学院、浙江纺织服装职业技术学院等学校的教师编写。在本书编写过程中，广泛吸收、借鉴了国内外专家学者的研究成果，得到了国家体育总局科教司、全国体育职业教育教学指导委员会、高等教育出版社的大力支持指导，以及很多高尔夫球俱乐部和高尔夫球运动从业者的帮助，在此表示感谢。

由于编写组水平有限，教材中难免存在不妥之处，恳请读者批评指正。

编写组

2024 年 3 月

目　录

第一章

高尔夫球俱乐部运营管理

本章导言

　　高尔夫球运动是一项古老的运动，是一项健康、文明、休闲的体育运动。高尔夫球俱乐部是高尔夫球运动的重要组成部分，是人们体验和感受高尔夫球运动的平台，是高尔夫球运动发展的承载体。本章主要介绍高尔夫球俱乐部的产生与发展、特点与功能，高尔夫球俱乐部运营管理的特点、模式、原则，以及高尔夫球俱乐部组织结构，从人、财、物三个方面介绍高尔夫球俱乐部的管理内容等。

学习目标

　　1. 了解高尔夫球俱乐部的产生与发展，以及我国高尔夫球俱乐部的发展。

　　2. 了解高尔夫球俱乐部的特点与功能。

　　3. 熟悉高尔夫球俱乐部运营管理的工作内容。

　　4. 培养诚实、自律、为他人考虑的精神，养成运营管理团队分工协作的集体主义精神，提高高尔夫球俱乐部运营和团队管理的能力。

第一节　高尔夫球俱乐部概述

拓展阅读：
高尔夫球运
动的起源

有关高尔夫球运动的起源众说纷纭，有苏格兰起源说、中国起源说、荷兰起源说等。由于高尔夫球运动没有准确的起源时间，大部分研究高尔夫球运动的学者在探讨高尔夫球运动起源时，都会将其与欧洲的其他休闲娱乐活动联系起来。高尔夫球运动的英文为GOLF，概括了高尔夫球运动的基本内涵：G（Green）代表绿色，绿色是大自然的主色，在绿意盎然的环境中打高尔夫球是回归自然、享受自然的表现。O（Oxygen）代表氧气，氧气是生命中不可缺少的元素，有绿色植物的地方氧气充足，体现出生机勃勃。L（Light）代表阳光，阳光是生命的象征，享受阳光就是享受生命。F（Friendship）代表友谊，高尔夫球运动是一项文明的运动，要求尊重他人，遵守高尔夫球规则和礼仪，是建立良好人际关系的平台。高尔夫球俱乐部是伴随着高尔夫球运动的发展而逐渐产生、发展并完善的。

一、高尔夫球俱乐部的产生与发展

高尔夫球俱乐部的产生与发展，同其他社会文化形态的发展一样，既有高尔夫球运动本身的发展作用，又有不同时期社会发展的文化背景对其所产生的影响。随着社会经济的发展和人民生活水平的提高，人们对户外运动的向往和对身心健康的要求，产生了各种形式的体育健身和户外运动俱乐部，高尔夫球俱乐部成为其中具有独特性质的一员。它通过俱乐部章程和各种体育健身设施以及高尔夫球联合组织，将许多高尔夫球运动爱好者汇聚到一起，充分享受高尔夫球运动带来的乐趣。

拓展知识

高尔夫球运动是现代竞技体育的组成部分。其以球杆和球为运动器材，在人工建造并保留自然环境形态的球场中，依据规则规定，用球杆击打球，并逐一将球打入规定的洞中，球场设有9~18个球洞，在规则规定的范围内，击球杆数最少或记分最低者为优胜。

高尔夫球运动的进行，大部分时间内是没有裁判员监督的。高尔夫球运动的顺利进行主要取决于每位参与者，他们诚实、自律、为他人考虑，并且自觉遵守高尔夫球规则。因此，诚实、自律、为他人考虑是高尔夫球运动所倡导的精神。

（一）高尔夫球俱乐部的产生

高尔夫球俱乐部指所有为高尔夫球运动提供服务并以俱乐部或球会命名的组织。高尔夫球俱乐部一般拥有 18 洞或 18 洞以上规模的高尔夫球场、高尔夫练习场或高尔夫室内练习场等，并且，实际业务以高尔夫球运动为主的经营企业。

高尔夫球俱乐部是以高尔夫球运动为基础而建立起来的，是满足社交、娱乐、运动、旅游等需求的社会团体或场所。高尔夫球俱乐部是高尔夫球运动发展的重要组成部分，是人们体验和感受高尔夫球运动的平台，是高尔夫球运动发展的载体。

据史料记载，高尔夫球俱乐部的出现距今约 300 年。世界上第一个高尔夫球俱乐部出现于 1735 年，是苏格兰爱丁堡地区的"皇家伯杰斯高尔夫协会"。1744 年，"爱丁堡高尔夫球手协会"成立。1754 年，苏格兰小镇圣安德鲁斯成立了"圣安德鲁斯皇家古老高尔夫球友会"。8 年后由 22 位贵族和绅士组建了圣安德鲁斯高尔夫球俱乐部，它是一家私人高尔夫球俱乐部。圣安德鲁斯高尔夫球俱乐部在高尔夫球发展的历史中有着举足轻重的作用，至今仍运作英国公开赛和其他一些世界重大赛事，是世界高尔夫球运动的顶级领导机构，被誉为高尔夫球运动的"麦加圣地"。

拓展阅读：
高尔夫球运动比赛规则的发现

（二）高尔夫球俱乐部的发展

随着高尔夫球运动在世界各地的不断发展，高尔夫球俱乐部也逐渐成为体育运动和户外健身俱乐部中的一族。高尔夫球俱乐部不限于会员制，全球大约有 75% 的高尔夫球场对公众开放，使高尔夫球运动得到飞速发展。

高尔夫球俱乐部作为现代社会人们交往和休闲放松的平台，正在改变区域环境、商贸往来和人们的身心健康，发挥着其特有的社交、休闲、娱乐等功能。高尔夫球俱乐部经过了约 300 年的发展，已达到了成熟的阶段，并形成了一套有效的运行机制和管理模式。追溯高尔夫球俱乐部的发展轨迹，可划分为以下三个阶段。

1. 初期阶段

相传在中世纪以前，苏格兰牧羊人放羊时用牧羊棍击石子取乐，一次偶然把石子击入远处的兔子窝里，当时他们觉得这种"击石入窝"的游戏非常有趣，后来这种游戏便流传开来了。由于苏格兰地区冬季阴冷潮湿，人们放牧时总带一瓶酒，游戏时为了对把石子打入兔子洞的人表示庆贺，就喝一瓶盖酒，牧羊人携带的酒瓶容量通常是18盎司，当人们把一瓶酒喝完时，正好打了18个洞穴，久而久之打18个洞穴就成了游戏的基本规则。据说，这就是高尔夫球运动的雏形。

随着高尔夫球运动的开展，这项运动得到了许多阶层人士的喜爱，参与的人数也越来越多。1457年出于国家安全考虑，苏格兰一度禁止了高尔夫球运动。1500年禁令取消，高尔夫球运动再度兴起。1682年苏格兰皇室发起了高尔夫球赛事。1735年成立了世界上第一个高尔夫球俱乐部——"爱丁堡高尔夫球友会"，1744年"Gentlement高尔夫球友会公司"宣布成立，标志着高尔夫球俱乐部的逐步成熟，球会有了自己的固定活动场所，即爱丁堡附近的Leith Links球场，也是有记载的第一个高尔夫球赛事的举办场地。

高尔夫球运动逐渐从自然状态下自发的、无人管理的无序打球活动纳入有组织、有计划、有管理的俱乐部活动中。高尔夫球俱乐部是在日益发展的高尔夫球运动需求下逐渐形成的。当时的高尔夫球运动属于公众性运动，贵族和平民都可参与。这一时期，高尔夫球俱乐部的雏形已经显现，但高尔夫球运动区域仅限于苏格兰东海岸地区。

2. 中期阶段

随着高尔夫球运动的发展，打高尔夫球的人越来越多，在打球的过程中逐渐出现了一系列的问题。例如，打球的场地受到限制；打球顺序无法确定，打球中遇到的各种问题和争议无法解决；适合打球的天然场地数量有限；场地的设施设备不能满足日益增加的高尔夫球运动技术需求；球场无组织管理，容易引发不同冲突和人身安全问题；天然场地的难易程度与日益成熟的打球技能越来越不匹配。在打球中出现的各种争议和纠纷，越来越需要规章制度来约束。鉴于此，爱丁堡高尔夫球手协会于1744年制定了13条高尔夫球规则，这也是最早成文的高尔夫球规则。1754年，圣安德鲁斯高尔夫球会宣告成立，为了使该组织的打球规则更加被认可和普及，威廉四世期间，命名该球会为圣安德鲁斯高尔夫球俱乐部。苏格兰皇室的参与，使得该俱乐部渐渐在高尔夫球界取得了领导地位。

这一阶段，高尔夫球运动组织日趋完善，俱乐部的设施设备和场地维护得到重视，高尔夫球规则、赛事组织管理等日益完善，逐渐形成了一套完整的、规范的高尔夫球俱乐部运营管理模式。

3. 现代阶段

高尔夫球俱乐部从苏格兰发展到世界各地经历了一个漫长的时期。高尔夫球运动从英伦三岛传入美国经历了 150 年。尤其是 1940—1950 年，高尔夫球运动迅速开展起来，高尔夫球俱乐部的发展也急剧膨胀，被称为"高尔夫球运动的爆炸时代"。20 世纪 50—80 年代末是美国高尔夫球俱乐部高速发展的时期。到了 20 世纪 80 年代，高尔夫球运动开始在亚洲蓬勃发展。21 世纪初开始，高尔夫球运动的发展速度越来越快。根据国际高尔夫球联合会统计，全球现有 40 000 多家高尔夫球俱乐部，其中，美国占一半以上，现有 20 000 家左右；约 20% 分布在美洲和澳洲；15% 分布在亚洲和非洲，其中日本约有 2 000 家高尔夫球俱乐部，中国有 500 多家高尔夫球俱乐部；15% 分布在欧洲，其中英国约有 2 500 家高尔夫球会。美国作为全球高尔夫球运动和高尔夫球俱乐部最发达的国家，参与高尔夫球运动的人数有 2 500 多万人，美国大部分地区建立了和社区相匹配的公共高尔夫球场，公共高尔夫球场占美国高尔夫球场总数的 80% 以上。

这一阶段，高尔夫球运动已发展到全球范围，高尔夫球俱乐部的运营管理日趋科学化、专业化，全球高尔夫球组织发展有序，国家和地区高尔夫球联合会相继成立，国际级高尔夫球赛事逐步推广和开展，世界各地高尔夫球场逐渐向世界性和多元性发展。高尔夫球俱乐部运营管理逐渐发展为私人型、商业型和公众型模式。

拓展阅读：美国奥古斯塔国家高尔夫球俱乐部

（三）我国高尔夫球俱乐部的发展

中国古代捶丸运动起源的时间可以追溯到 13 世纪，欧洲的高尔夫球运动在 15 世纪才开始，但现代高尔夫球运动传入中国是在 20 世纪 80 年代，我国高尔夫球俱乐部的发展可以分为以下两个阶段。

1. 起步阶段

1984 年 8 月 24 日，由霍英东、郑裕彤等出资创建的中山温泉高尔夫球会对外开放，该球场是新中国成立后的第一个高尔夫球场，标志着现代高尔夫球运动在中国起步，填补了我国高尔夫球运动的空白。同年 12 月，北京国际高尔夫俱乐部正式立项。

1985 年 1 月，中山温泉高尔夫球队建立，三乡农村学校的 9 名男生和 9 名女生组成了中国第一支高尔夫球队。5 月 24 日，中国高尔夫球协会（CGA）成立，它是代表中国参加国际高尔夫球组织及相应的国际高尔夫球活动的唯一合法组织，荣高棠是第一任主席。中国高尔夫球协会的宗旨是团结全国高尔夫球工作者、运动员和爱好者，指导发展我国高尔夫球运动，为促进社会主义物质文明和精神文明的建设服务，推动高尔夫球运动的普及和技术水平的提高，增进与各国各地区高尔夫球协会和组织的交流和友谊，加强与国际高尔夫球组织的联系与合作。1985年7月，从河北省体校选拔10名运动员前往日本进行为期三年的高尔夫球系统学习。同年11月，深圳高尔夫球会正式开业。1986年，"中山杯"高尔夫球职业/业余国际邀请赛在中山温泉高尔夫球会举行，这是我国首次举办国际性高尔夫球赛事。同年，中国派出高尔夫球运动员参加汉城亚运会。10月，第一届中国业余高尔夫球公开赛在中山温泉高尔夫球会举行，来自美国、英国、日本、菲律宾、泰国及中国等14个国家和地区的选手参赛，中国队有9名运动员参赛，美国队获得了团体冠军，中国香港队获得了亚军，中国代表队取得了团体第三名。这也是中国第一次组织和参加国际性高尔夫球赛事。

1987年，高尔夫球运动被列为第六届全国运动会表演项目。随着高尔夫球运动在中国的发展，北京国际高尔夫俱乐部成立并正式对外开放。同年，深圳市高尔夫球协会成立，这是中国第一家地方高尔夫球协会。同年8月，天津第一家高尔夫球场——天津国际温泉高尔夫球会开业。此后，我国高尔夫球俱乐部的建设逐步由沿海城市向内地城市发展。

1988年，第1届中国女子高尔夫球业余公开赛在中山温泉高尔夫球会举行，来自中国、美国、中国香港等国家和地区的选手参加了比赛，由林燕媚、黄丽霞、林少茹和郑丽明4人组成的中国队获得了团体冠军，林燕媚取得个人冠军，这是中国高尔夫球历史上第一个女子冠军。随后，第1届高尔夫球国际名人邀请赛在北京国际高尔夫俱乐部举行，56位来自美国、澳大利亚、日本、中国台湾、中国香港等国家和地区的政经界嘉宾参加比赛。1988年，由中国高尔夫球协会选拔送往日本学习的10名球员学成归国，为中国高尔夫球运动注入新鲜血液。1989年，中山温泉高尔夫球队参加了香港世界业余女子高尔夫球公开赛，获团体第一名。同年9月，全国高尔夫球锦标赛在北京国际高尔夫俱乐部举行。同年，中国首次派队参加在新西兰举行的第11届皇后杯业余女子高尔夫球队际邀请锦标赛，以470杆的总成绩获得第6名。中国组队参加"巴基斯坦国际男子业余公开赛"，获得团体第5名。在国际高尔夫球赛事上，中国高尔夫球选手的身影越来越多，标志着中国高尔夫球运动逐步有序发展。

1990年，高尔夫球项目被列入北京亚运会正式比赛项目，中国派出男女两队参赛，取得团体第4名的成绩。同时，也自此开始培养我国第一批高尔夫球竞赛管理人员，为后续高尔夫球竞赛工作的开展奠定了基础。同年，第5届中国业余高尔夫球公开赛在深圳高尔夫俱乐部举行，程军以294杆夺冠，成为第一个在该赛事上夺冠的中国选手。

1993年，中国高尔夫球协会出台《中国高尔夫球运动实行职业化制度的具体方案（草案）》。原中国高尔夫球协会秘书长崔志强向国家体育运动委员会提出推行高尔夫球职业化的申请。同年，中国高尔夫球实行职业化制度终于被认可，第一次职业高尔夫球选手资格选拔赛在北京国际高尔夫俱乐部进行。中国第一批职业高尔夫球选手产生。

1994年，在第12届亚运会上，张连伟夺得高尔夫球项目男子个人亚军，中国女队获得高尔夫球项目女子团体铜牌，实现了中国高尔夫球项目在亚运会历史上奖牌零突破。

1995年，首次将国际职业高尔夫球赛事引入中国，举办了VOLVO中国巡回赛和VOLVO中国公开赛。同年4月11日，张连伟赢得在深圳高尔夫球会举行的第一站中国巡回赛冠军，揭开了国际高尔夫球赛事在中国发展的序幕。由中国高尔夫球协会主办的全国青少年锦标赛也在这一年创办。第41届喜力世界杯高尔夫球赛在深圳观澜湖高尔夫球会举行，共有32个国家和地区64名选手参赛，中国派出张连伟和程军参赛，这是中国第一次举办国际性高尔夫球赛事。同年，北京高尔夫球运动学校成立，它是中国第一所培养高尔夫球专业人才的中等专业学校；深圳高等职业技术学院开设高尔夫球管理专业，该专业于1997年转入深圳大学。

1996年，在新加坡高尔夫球乡村俱乐部举行的亚太高尔夫联合会会议上，与会代表一致通过中国高尔夫球协会加入亚太高尔夫球联合会。1998年，中国高尔夫球协会正式加入世界高尔夫球联合会。1999年8月，深圳观澜湖高尔夫球会进入ISO14001环境管理体系试运行阶段，成为中国第一家进入ISO14001运行体系的高尔夫球俱乐部，同年通过ISO14000环境管理体系认证中心的环境品质认证。中国高尔夫球运动正逐步同世界高尔夫球运动接轨。

拓展阅读：
深圳观澜湖
高尔夫球会

中国高尔夫球俱乐部早期发展缓慢，主要采取中外合资、相互合作等经营方式，国家层面也给予了政策支持。20世纪90年代开始，高尔夫球俱乐部增长速度明显加快，北京、上海、广州等城市先后建立多家高尔夫球俱乐部，以外企外资和中外合资为主，其主要目的：一是改善城市投资环境；二是加大招商引资的能力。根据第五次全国体育场地调查结果显示，20 世纪 90 年代以前，全国高尔夫球俱乐部发展速度缓慢，全国高尔夫球俱乐部不到 10 家，从 1995 开始，高尔夫球俱乐部的建设和使用达到高潮，到 2000 年，每年建设和启动的高尔夫球俱乐部有 20 家以上。原来主要分布在沿海等城市的高尔夫球俱乐部，逐渐向全国各地辐射，如福建、云南、海南等都相继建设和发展了高尔夫球俱乐部。截至 2000 年底，全国高尔夫球俱乐部已发展至近 100 家，同时也带动了当地相关产业的发展，经济和社会效益明显。随着中国高尔夫球协会的成立，我国高尔夫球运动蓬勃发展，高尔夫球运动参与者与日俱增，高尔夫球俱乐部数量高速增长，高尔夫球赛事不断增加，高尔夫球产业经济活力增强。但这阶段高尔夫球俱乐部几乎是外资和外企主导，俱乐部也主要集中在沿海城市和经济发达地区，这造成高尔夫球俱乐部发展不均衡现象。

2. 发展阶段

2000 年开始，中国高尔夫球运动蓬勃发展起来。2001 年 4 月，全国第一家航空港高尔夫球场——深圳航港高尔夫球场正式开业，引领和倡导了高尔夫球场用地的灵活性与多元化。第一个高尔夫球专业网站"高尔夫时代"的开通，标志着中国高尔夫球运动进入网络时代。

2004 年，欧洲巡回赛首次登陆中国，宝马亚洲公开赛和沃尔沃公开赛都纳入欧洲巡回赛系统。同年 4 月，张连伟获得奥古斯塔 70 年历史中颁出的第 5 张外卡邀请，参加了第 68 届美国高尔夫名人赛，这是中国高尔夫球选手第一次参加大满贯赛。同年，吉尼斯世界纪录组织宣布，深圳观澜湖高尔夫球会以 180 洞 10 个球场的规模成为世界第一大高尔夫球俱乐部。

2005 年，尊尼获加精英赛在北京华彬庄园举行，这也是由欧洲巡回赛、亚洲巡回赛、澳大利亚巡回赛共同承认的赛事第一次登陆中国。同年 8 月，由中国高尔夫球协会主办的中国高尔夫球巡回赛正式启动。首届汇丰高尔夫球冠军赛在上海佘山举办，这次冠军赛由于有世界职业高尔夫球员泰格·伍兹等明星运动员的加入使其备受关注，同时是当年亚洲地区奖金最高的赛事，至 2009 年，它升级为高尔夫球世界锦标赛。

2006 年，深圳观澜湖高尔夫球会成功获得高尔夫球世界杯 2007—2018

年连续 12 年的举办权，也成为承办这项赛事时间最长的高尔夫球会。同年，中国高尔夫球国家队成立。

2007 年，中国球员梁文冲创立了中国第一个以高尔夫球员名字命名的慈善基金——百龄坛梁文冲高尔夫基金。深圳观澜湖高尔夫球会张连伟球场和北戴球场启用，以 216 洞的规模刷新了由自己创造的吉尼斯世界纪录。同年 11 月，全国第一家公众球场——龙岗公众高尔夫球场正式开业，为推动深圳乃至中国高尔夫球运动大众化迈出了第一步。

2011 年，中国高尔夫球俱乐部年会暨第十二届全国高尔夫球会总经理联谊会在海口观澜湖球会召开，会议就中国高尔夫球运动的健康、可持续发展及如何深入推动和开展中国高尔夫球运动普及等话题展开深入交流和探讨。2013 年，全国 31 个省（自治区、直辖市）都已建有高尔夫球俱乐部。我国高尔夫球运动正向着积极健康的方向发展。

2016 年，第 31 届夏季奥运会，高尔夫球项目再次回归奥运，我国女子高尔夫球运动员冯珊珊获得季军。2016 年 11 月国务院办公厅印发的《关于加快发展健身休闲产业的指导意见》提出发展特色运动，推动极限运动、电子竞技、击剑、马术、高尔夫球等时尚运动项目的健康发展。

高尔夫球俱乐部在 2000 年以后发展速度开始加快，除了珠江三角洲地区、长江三角洲地区、环渤海地区和京津冀地区的高尔夫球俱乐部取得较快发展，我国其他地区高尔夫球俱乐部也在快速发展中，但全国高尔夫球俱乐部的增长在区域上存有差异。从经济发展条件因素、自然资源因素以及高尔夫球俱乐部存在的诸多问题考虑，我国对高尔夫球俱乐部发展实行限制型政策，如控制项目审批、严格审批程序、取消各种优惠政策、提高营业税率等，高尔夫球俱乐部发展面临一系列政策性限制和风险。2003年底，正式营业的高尔夫球俱乐部数量约有 210 家，全国掀起了高尔夫球场建设的热潮。随着高尔夫球俱乐部的不断发展，俱乐部管理人才不断涌现并成熟，会籍管理逐渐科学、合理化，俱乐部治理结构开始健全，行业规范初步建立，俱乐部经营水平不断提高。由于高尔夫球运动项目重返奥运会赛场，进一步增强了高尔夫球俱乐部运营发展的信心，高尔夫球场、练习场建设增速加快，俱乐部的数量和规模也相应发展壮大。据统计，2014 年，全国高尔夫球俱乐部已接近 700 家。2016 年，国家开始规范整合全国高尔夫球场，2017 年，清理整顿后保留 496 家高尔夫球俱乐部。随着经济发展需要和俱乐部本身的运营管理问题，现阶段正常运营的高尔夫球俱乐部有近 400 家。我国高尔夫球俱乐部的建设发展越来越规范、合理，更加符合中国国情和社会主义建设的步伐。

二、高尔夫球俱乐部的特点与功能

目前，人们对高尔夫球俱乐部没有统一的定义。从现代社会发展的经济角度来讲，高尔夫球俱乐部既有早期俱乐部的基本特征，如自愿加入、共同兴趣、会员制、私密性和非营利性等，也有现代高尔夫球产业文化发展的经济特征，如商业化经营、科学化管理等。高尔夫球俱乐部作为一种社会现象，随着社会文化和经济的发展，其在形式和内容上也发生着改变。

（一）高尔夫球俱乐部的特点

高尔夫球俱乐部作为俱乐部文化的延伸，其既有一般服务性俱乐部的普遍性，也有高尔夫球俱乐部的特殊性。

1. 普遍性

（1）服务性

服务是指履行职责，为他人做事，并使他人受益的一种有偿或无偿的活动，服务不是以实物形式而是以提供劳动的形式满足他人的需求。服务性是所有服务行业的共同特性，服务产业主要的产品就是"服务"。高尔夫球俱乐部具有服务类休闲产业的独特性，高尔夫球俱乐部从业人员的主要工作就是出售"服务"，即"服务"客人，服务质量直接影响高尔夫球俱乐部的经济效益和社会形象，俱乐部会员和消费者对服务的满意度是高尔夫球俱乐部生存和发展的依据。因此，高尔夫球俱乐部运营管理模式对服务的要求也尤为重要，其服务的特征也更为明显与突出。

（2）综合性

高尔夫球俱乐部是以高尔夫球运动为主要经营的企业，其功能包含休闲、娱乐、观光、度假、健康、养生等。因此，高尔夫球运动不仅具有竞技运动的特性，还具备健康娱乐、户外运动等特征。高尔夫球俱乐部为会员或其他消费者所提供的产品是紧紧围绕着高尔夫球运动的竞技性与休闲性而专门设计的综合性服务内容。

（3）社交性

高尔夫球俱乐部是人际沟通、社交活动、商务交流的良好平台。高尔夫球俱乐部不仅是许多商界人士交流、交友、交际的活动场所，也是亲朋好友休闲聚会的理想地点。人们在球场间穿行，边打球边交谈，既可休闲、运动、观光，又可结交朋友，在不知不觉中便完成了商务洽谈或沟通交流。同时，各种论坛、会议也常常落户高尔夫球俱乐部。

2. 特殊性

（1）区域性

高尔夫球场的建设是根据其所处区域的地理环境，建成既要保留原始地理形态，又要设计新颖、独具特色、不同形态的高尔夫球场。不同国家和地区、不同自然条件、不同设计造型的球场有着不同的风格、不同的个性，这也是高尔夫球爱好者喜欢这项运动的原因之一。高尔夫球场在建设中因受地域特性的影响，形成了各具特色的不同场地。

拓展阅读：各具特色的高尔夫球场

（2）私密性

高尔夫球俱乐部对会员申请制度严格要求，这样使会员的个人信息和隐私性得到很好的保护。高尔夫球俱乐部通过严谨的运营模式和管理方式，既实现了会员之间的交流沟通和商务洽谈，也满足了会员切磋高尔夫球技术的需求。因此，许多高尔夫球俱乐部实行严格的会员制度，会员的数量会按照俱乐部的承受能力、投资成本估算等相关因素，进行俱乐部会员人数的控制以及会籍价格的确定，以此保障会员在俱乐部进行各种休闲和商务活动时的私密性，使会员在享受优质服务的同时，也可以身心舒畅地投入高尔夫球运动中。

拓展阅读：美国柏树点高尔夫球会

（3）季节性

高尔夫球俱乐部在运营中会受到季节的影响，高尔夫球这项运动具有明显的季节性特征，主要是高尔夫球运动对气候因素的要求决定的。如冬季，由于受到寒冷气候的影响，我国北方高尔夫球场的草地会变得枯黄、很脆弱，这时进行高尔夫球运动会破坏球场草地环境，严重时会导致球场草地枯死，来年春季不会再生长。这时高尔夫球爱好者会像候鸟一样南飞，借假期和周末纷纷飞往南方的高尔夫球场打球、度假。夏季，由于南方气候高温多雨潮湿，而北方气候温暖和煦，高尔夫球爱好者又会去北方的高尔夫球场活动。因此，针对季节性的变化，高尔夫球俱乐部会根据不同季节提供不同特色的球场服务。

（二）高尔夫球俱乐部的功能

早期的高尔夫球俱乐部发挥着休闲健身和社交沟通的功能，随着现代社会经济的不断发展，高尔夫球俱乐部在市场经济的冲击下，其运营方式和管理模式不断被延伸与拓展。高尔夫球俱乐部在功能上也发生了变化，如今俱乐部运营管理更加适合市场发展变化的需求，其主要功能有健身功能、社交功能、休闲功能和礼仪功能。

1. 健身功能

高尔夫球运动历史悠久，是一项健康、文明、休闲的体育运动。打满一场高尔夫球要走 10 千米以上，用时 3~4 小时，行走在碧绿的草地上，呼吸着新鲜的空气，沐浴着灿烂的阳光是一件非常惬意的事情。一场球 18 个洞打下来通常满身大汗。高尔夫球运动可以改善和提高心肺功能，提高大脑皮质的灵活性和敏捷性，提高人的反应能力，锤炼意志力。因此，高尔夫球俱乐部在建设过程中，会把健康休闲以及养生保健的功能体现出来。健身功能是高尔夫球运动作为一项体育运动所具备的基本功能。

2. 社交功能

高尔夫球俱乐部为高尔夫球运动爱好者搭建了平台，以球会友，体现了高尔夫球俱乐部的社交功能。高尔夫球运动爱好者聚集在一起，他们有着不同的身份、职业和背景，但因为共同的爱好聚集在一起，高尔夫球俱乐部为他们提供了进行沟通交流和商务洽谈的场所。高尔夫球俱乐部的社交功能可以追溯到中世纪的欧洲，早期高尔夫球俱乐部创立的初衷就是将打高尔夫球运动作为一种区别于其他社会活动的社交手段。因此，高尔夫球俱乐部始终以满足高尔夫球运动爱好者的社会交流需求为目的。所以说，社交功能也是高尔夫球俱乐部一项显著的功能。

3. 休闲功能

高尔夫球俱乐部除了可以为会员或消费者提供参与运动的机会，还能提供休闲娱乐消遣的项目。高尔夫球运动是一项极富体验的户外运动，人们将高尔夫球的运动属性与休闲属性相结合，将这两种属性结合转化为一种健康的生活方式。现代高尔夫球俱乐部融合了球场、度假、旅游、休闲、娱乐等多种功能，是集运动、休闲娱乐为一体的休闲场所。因此，这种轻松愉快的休闲娱乐方式，也是高尔夫球俱乐部的功能。

第二节　高尔夫球俱乐部运营管理概述

运营管理是指对运营过程的计划、组织、实施和控制，是与产品生产和服务创造密切相关的各项管理工作的总称。企业通过运营管理把投入转换成产出。因此，运营管理在企业竞争过程中，有着举足轻重且不可替代的地位，出色的运营管理是企业生存以质取胜的关键要素之一。高尔夫球俱乐部运营管理是根据俱乐部资源和市场需求，在符合和保证实现高尔夫球俱乐部可持续发展与良好运作的条件下，合理利用俱乐部人力物力资源，制定俱乐部长期发展战略性规划和部署，确定发展目标和方针政策，进行领导、组织与管控，以实现高尔夫球俱乐部既定目标的过程。

高尔夫球俱乐部做出总体性、长远性的规划和策略，是高尔夫球俱乐部在竞争中可持续发展的运营管理活动。因此，高尔夫球俱乐部的运营管理，既包括俱乐部的运营管理目标与运营管理方针的确立，也包括围绕运营管理目标实施过程中的运营管理方式与运营管理内容，还包括高尔夫球俱乐部实施战略目标对各种资源合理使用与开发的运营核算，即运营成本的设计。

一、高尔夫球俱乐部运营管理的特点

高尔夫球俱乐部运营管理中制定的发展目标和方针政策，要从会员和顾客的服务需求出发。因此，高尔夫球俱乐部运营管理围绕的是高尔夫球专业服务的产品运营。高尔夫球俱乐部运营管理具有以下特点：

（一）服务的针对性

高尔夫球俱乐部运营管理以服务为主，服务对象包括不同技术等级、不同性别年龄、不同消费需求的会员或消费者，具有多样性、特殊性等特点。因此，在服务时针对不同需求的会员和消费者，俱乐部的服务流程应和服务对象的需求保持一致性。例如：俱乐部在承办职业性赛事时，服务流程和标准必须达到职业赛事的专业要求与专业化服务的程度。俱乐部在面对一般性打球服务时，会员和消费者主要以休闲健身为主，在打球过程中的服务流程如果按照职业赛事的服务标准进行，那会使会员和消费者感到不适。因此，高尔夫球俱乐部应在保证服务质量的前提下，在服务流程上对不同服务对象的需求进行针对性的服务。

（二）项目的专业性

高尔夫球俱乐部为会员和消费者提供服务，必须符合高尔夫球运动技术要求和运动规则。所以，无论针对不同性质的专业比赛和业余比赛，还是面对俱乐部的会员和一般消费者，进行服务时，都要求高尔夫球俱乐部相关工作人员具备高尔夫球运动专业技术、球童服务、赛事规则等专业知识，这样可以体现高尔夫球俱乐部服务的专业性。

（三）管理的统一性

高尔夫球俱乐部包括高尔夫球运动所需的运动设施，如高尔夫球场，以及相关服务设施，如俱乐部会所、酒店、餐厅、高尔夫球专卖店。这些相关服务设施虽然不是高尔夫球运动本身所必需的运动设施，但它们属于高尔夫球俱乐部不可缺少的物质条件，是高尔夫球俱乐部运营管理中基本的服务设施。俱乐部会员和消费者在俱乐部体验高尔夫球运动时，也能享受服务设施带来的服务内容。因此，高尔夫球俱乐部在运动设施和服务设施的统一性，决定了其在管理和服务标准上也要保持统一性。

二、高尔夫球俱乐部运营管理的模式

高尔夫球运动不是单纯的体育运动，它代表着一种文化，一种生活观念。高尔夫球俱乐部要依据俱乐部的特点和优势创建符合俱乐部发展的运营管理模式。高尔夫球俱乐部运营管理模式主要有以下三种：

（一）会员制高尔夫球俱乐部

会员制是目前高尔夫球俱乐部常采用的运营管理模式。会员需要缴纳会费后方可取得会籍，之后每年再缴纳年费，取得会籍成为会员后，在高尔夫球俱乐部消费将享受会员待遇。高尔夫球俱乐部把这种运营管理理念作为企业运营管理的基本目标，坚持会员制、私密性、小规模的运营管理模式。俱乐部从服务设施到服务标准与流程，使会员充分享受高质量的服务品质。我国大部分高尔夫球俱乐部都采用"会员制"的运营管理模式。另外，很多高尔夫球俱乐部实行联盟式的运营管理模式，即在某一高尔夫球俱乐部取得会籍后，在联盟合作的所有俱乐部都可享受会员待遇。

（二）商业型高尔夫球俱乐部

商业型高尔夫球俱乐部也叫开放型俱乐部。这类高尔夫球俱乐部不仅以个人会籍销售来发展俱乐部的高端客户，同时也进行非会员的普通消费者和不同消费层面的产品设计和经营。这一类型的高尔夫球俱乐部集商务、娱乐、健身、社交于一体。

（三）公众型高尔夫球俱乐部

公众型高尔夫球俱乐部是面向全社会开放的高尔夫球场，通常情况下没有俱乐部"会籍"产品，而是面向社会公众开放休闲娱乐的体育设施。公众型高尔夫球俱乐部运营管理模式是一个国家或地区经济发达程度和高尔夫球运动普及的体现，充分体现了高尔夫球运动的健身、娱乐、休闲的价值。这种类型的高尔夫球俱乐部是真正实现高尔夫球运动社会化发展的基本保障，这类球场在欧美地区比较普遍，目前我国这类球场的数量还较少。

拓展知识

高尔夫球场是在保留自然环境的基础上，经过设计者巧妙地设计与建造形成的符合高尔夫球运动所需要的运动场地。通常情况下，高尔夫球场既保留自然植被，又有人工绿化，形成自然景物与人工设计浑然一体的效果。由于高尔夫球场是依据自然地形与地貌而设计建造的，形成了每个高尔夫球场的不同特色与球场品质。

一个标准的18洞球场，标准总杆大部分为72杆，有4个三杆洞（短洞）、4个五杆洞（长洞）、10个四杆洞（中洞）组成。一般分为前9洞和后9洞。每个球洞由发球区、沙坑区、罚杆区、推杆果岭区、普通区等组成。

三、高尔夫球俱乐部运营管理的原则[①]

高尔夫球俱乐部运营管理的历史只有270多年，经历了无人管理、传统运营管理模式、科学运营管理模式到现代运营管理模式。

---

① 吴亚初，李康，谭晓辉. 现代高尔夫俱乐部经营与管理［M］. 北京：人民出版社，2016.
（有修改）

高尔夫球俱乐部运营管理原则是高尔夫球俱乐部管理者在处理人际关系、财产、物品、各种信息等运营管理基本要素及其相互关联时所遵循和依据的准绳。它是高尔夫球俱乐部运营管理方式的总结和概括，其以客观事实为依据，在运营管理实践中逐渐产生和发展起来的。概括起来，高尔夫球俱乐部运营管理原则主要体现在以下几方面：

（一）服务会员为主原则

以会员制为主的高尔夫球俱乐部，会员既是俱乐部服务的基本对象，也是俱乐部运营利润的主要来源。因此，俱乐部运营管理的首要原则就是强化服务会员为主。

高尔夫球俱乐部的主要营销产品是服务，作为服务行业服务质量的标准是让顾客满意，得到顾客的认可。高尔夫球俱乐部要提供充分体现会员利益的产品服务，并持续不断地改进和提高产品服务质量，满足会员的要求，得到会员的满意与信赖。因此，高尔夫球俱乐部运营管理应当以会员的需求为导向，把会员的利益放在第一位，为会员提供理想的、符合会员实际需求的产品服务。

服务会员为主原则是体现高尔夫球俱乐部服务重点与服务理念的行为准则。在服务会员的过程中，从事关会员的基本权益与利益着眼，从小事情小细节抓起，彰显俱乐部以服务会员为主的良好服务意识。

（二）环境优质服务原则

服务行业的产品是无形的，企业只有通过具有一定特色的、不同于其他企业的优质服务环境，才能给顾客不同的消费体验感，留下深刻的印象，从而获得顾客的重复消费。

高尔夫球俱乐部服务对象是小众人群，他们对高尔夫球俱乐部的服务环境要求比较高，如何在众多高尔夫球俱乐部竞争中生存和发展下去，就要求每个高尔夫球俱乐部在运营管理过程中营造一个使会员或消费者都满意的优质服务环境，这也是高尔夫球俱乐部运营管理过程中至关重要的部分。

在现代高尔夫球俱乐部的运营管理过程中，高尔夫球俱乐部不仅要有具有特色的高尔夫球场，如球场特点突出、设计新颖、有挑战性等，还要有优质的服务环境。在高尔夫球俱乐部运营管理过程中要创建专业性的高尔夫球俱乐部服务品牌，营造优质的服务环境。

（三）共同维护利益原则

在现代企业运营管理过程中，企业管理者将员工与企业看作相互依存的关系，企业员工的工作积极性和创造性与企业的生存发展息息相关。企业管理者视员工为"家人"，共同维护企业的各项利益，实质上这也是保障企业管理者和企业员工的基本利益。高尔夫球俱乐部全体工作人员共同维护俱乐部利益的原则，既是高尔夫球俱乐部运营管理的行为准则，也是高尔夫球俱乐部生存和发展的重要保障。

高尔夫球俱乐部通过打造企业文化，让俱乐部全体员工清晰地认识和理解企业的运营管理理念与运营管理方针，能够自觉维护俱乐部的核心利益，在不同的岗位都能体现出良好的精神面貌与服务素养。在不同的岗位，每一位员工都能视俱乐部为"大家庭"，俱乐部的利益即为自身利益，真正实现俱乐部"全员参与，共同发展"的运营管理理念。

（四）规范系统管理原则

管理是指企业管理者通过实施计划、组织、人员配备、指导和调控等职能来协调各部门工作，达到高尔夫球俱乐部既定的运营管理目标的过程。企业全面系统化管理，要从整体着眼，局部入手，实施分级管理，按照统一要求与各自管理的特点，将运营管理的实施方法与流程、要求与规范做出规范系统的排列，方便管理者能够分级检查、监管与管控。

在高尔夫球俱乐部的运营管理活动中，一个部门不可能完成俱乐部的整体管理。坚持规范系统化的管理原则，就是把俱乐部各部门的职能管理过程形成规范的、系统的分级管理方法，提高各部门的管理效率，从而使高尔夫球俱乐部整体运营管理工作有效、可控。

（五）确保服务质量原则

服务质量是指服务能够满足规定和潜在需求的特征和特性的总和，也指服务工作能够满足被服务者需求的程度。服务质量是企业为使目标顾客满意而提供的服务水平，也是企业保持这一服务水平的连贯性程度。服务质量是企业在竞争中的制胜法宝。高尔夫球俱乐部会员和消费者在俱乐部购买体验、感受打高尔夫球以及相关服务。因此，俱乐部的服务质量体现在会员和消费者对俱乐部服务品质的体验上。高尔夫球俱乐部服务质量，不单单体现在服务环境、服务态度、服务速度等方面，还体现在服务的细节上。

一般来讲，高尔夫球俱乐部会员和消费者到俱乐部首先是体验打高尔夫球，其次是体验专业化服务。为此，高尔夫球俱乐部应不断改进和提高服务方法与服务流程，以确保服务质量与会员或消费者的期望一致，甚至超越他们的期望值。因此，确保服务质量，也是高尔夫球俱乐部确保核心竞争力的一项基本保障。

案例：球童
服务质量

（六）协同合作原则

在企业的日常工作中，许多事项都需要多部门协作完成，如资源分配、突发事件、请示汇报、项目协作、活动组织、意见征集以及沟通协调等，企业各职能部门之间既相对独立又相互联系。因此，企业遵循协同合作原则，是企业团队协作精神和优化运营管理的重要体现。

在现代高尔夫球俱乐部运营管理过程中，协同合作原则既是俱乐部运营管理目标实施过程的管理手段，也是体现高尔夫球俱乐部企业文化的一项重要内容。高尔夫球俱乐部各部门工作性质、职责范围各不相同，既要各司其职又要协同配合。

各部门之间沟通流畅，协作能力强，可以增强俱乐部的向心力、凝聚力，体现高尔夫球俱乐部和谐团结的企业文化氛围。强化俱乐部部门之间的协同与合作，是俱乐部运营管理中的一项重要准则。

四、高尔夫球俱乐部组织结构

组织结构是整个管理系统的"框架"。高尔夫球俱乐部运营管理遵循现代企业的科学管理体系，在球俱乐部组织结构当中，每一个组织机构既能够独立运作，同时又与其他组织结构相互依存、相互影响，从而构成高尔夫球俱乐部运营管理体系。

（一）高尔夫球俱乐部组织结构形式 [①]

1. 直线型

直线型组织结构也称单线型组织结构，是最早使用、也是最简单的一

---

① 吴亚初. 高尔夫概论［M］. 北京：人民体育出版社，2011.（有修改）

种组织结构类型。在这种组织结构中，上下级的权责关系是直线型的，上级在其职权范围内具有直接指挥权和决策权，下属则服从安排。如图 1-1 所示。

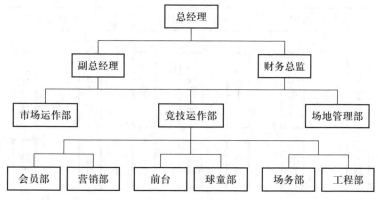

图 1-1　直线型高尔夫球俱乐部组织结构图

这种组织结构形式的优点是权责明确、命令统一、决策迅速、反应灵敏和管理机构简单。其缺点是权限高度集中，易形成家长式管理作风和独断专行、长官意志；组织发展受到主管人员个人能力的限制；组织成员只注意上下沟通，容易忽视与各部门间的横向联系；一定程度上限制了组织成员的自主性和创造性。直线型组织结构通常适用于中小型高尔夫球俱乐部运营管理。

2. **职能型**

职能型组织结构亦称 U 型组织，又称多线型组织结构，起源于 20 世纪初，是"经营管理理论之父"法约尔在其经营的煤矿公司担任总经理时所建立的组织结构形式，故又称"法约尔模型"。职能型组织结构以工作方法和职能作为组织部门划分的依据，按职能进行组织部门分工，即从企业管理层到基层，均把承担相同职能的管理业务及其人员组合在一起，设置相应的管理部门和管理职务。如图 1-2 所示。

这种组织结构形式既保持了直线型组织结构集中统一指挥的优点，又吸收了职能型组织结构分工细密、注重专业化管理的长处，从而有助于提高管理工作的效率。但它是典型的"集权式"结构，权力集中于最高管理层，下级缺乏必要的自主权，各职能部门之间的横向联系较差，容易产生脱节和矛盾，各职能部门与直线部门之间如果目标不统一，则容易产生矛盾。

19

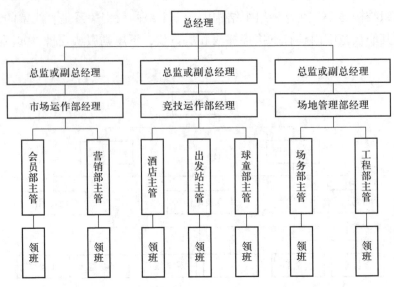

图 1-2 职能型高尔夫球俱乐部组织结构图

3. 集团职能型

集团职能型组织结构是在最高管理决策机构下设多个生产、开发和管理的组织机构，这些组织机构成为一个独立的管理体系，从生产、开发与管理的职能出发，形成符合本部门管理和发展的组织机构。集团职能型组织结构通常适用于多方合作、多元发展的大型高尔夫球企业。许多大型高尔夫球企业，不仅具有设施设备一流的高尔夫球场，而且其业务还涉及房地产开发、旅游酒店、健康娱乐中心、购物商城、高尔夫球学院等，形成多元化发展的产业链企业经济模式。如图 1-3 所示。

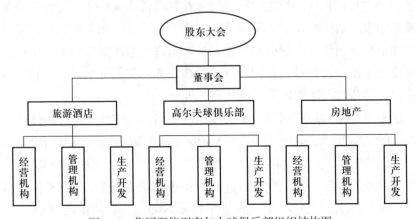

图 1-3 集团职能型高尔夫球俱乐部组织结构图

这种组织结构形式除了具有直线型和职能型组织结构的管理特点，在企业的宏观发展管理层面上，更多地体现出"整体决策、分散管理、统一思想、协调运作"的企业管理理念。

（二）高尔夫球俱乐部主要部门及其基本职责

无论采用哪种组织结构形式，为了保证俱乐部运营管理的效率和经济收益，高尔夫球俱乐部会在俱乐部运营管理上严格按照服务流程制定各部门岗位职能，清晰划分各岗位的相应职能和权限归属，使俱乐部各部门员工工作职责更加清晰明确，从而更好、更有效地完成俱乐部各项工作。我国高尔夫球俱乐部主要设置的部门及其基本职责如表 1-1 所示。

▶ 表 1-1　我国高尔夫球俱乐部主要部门及其基本职责

主要部门	基本职责
人事部	行政人事管理工作，维护公司上下的规范和高效运作
财务部	为决策和预算提供财务数据，俱乐部日常开支，营业收入状况分析
市场部	承担俱乐部产品的市场销售和推广，负责会员会籍管理，为会员提供相关活动与服务，处理客人投诉等
练习场与专卖店	为客人提供舒适的击球练习和技术教学，经营专业的球具设备
运作部	为客人提供竞技（打球）服务，包括出发安排、球童服务、球车服务、巡场管理
草坪部	负责球场、练习场及练习果岭区域草坪与植物景观养护
机械部	负责球场工程建设及机械维修和后勤保障管理工作

第三节　高尔夫球俱乐部人财物管理

一、高尔夫球俱乐部人事管理

人事部作为高尔夫球俱乐部的核心部门，不仅为俱乐部的正常运转提供服务平台，同时还为俱乐部的其他活动提供支持和服务。对高尔夫球俱乐部人事部的管理直接关系到整个俱乐部的规范化进程。人事部一般负责俱乐部人力资源管理、招聘、培训、薪酬与晋升体系构建等工作。根据高尔夫球俱乐部的不同特点，人事部职责也会进行相应的调整。总体来说，高尔夫球俱乐部人事部的管理就是以人为主要管理对象，通过匹配相应的制度，运用现代化的科学手段和方法，有计划有组织地进行协调和控制，充分挖掘员工的潜力，完成高尔夫球俱乐部的战略性目标，最终实现高尔夫球俱乐部的可持续发展。

（一）员工的招聘与培训

1. 招聘

招聘是高尔夫球俱乐部根据自身发展的需要，依照市场规则和俱乐部人力资源规划的要求，通过各种可行的手段和媒介，按照一定的标准招募、聘用俱乐部所需人力资源的全过程。招聘是俱乐部人事部的重要工作，它是俱乐部获取人力资源的第一环节，也是人才选拔的基础。

（1）招聘原则

① 双向选择原则。高尔夫球俱乐部的招聘涉及招聘者和应聘者两个主体，招聘过程是两个主体相互选择的过程。俱乐部按照自己的需求和标准发布招聘信息，甄选合适的员工。同时，应聘者按照自身的特点选择适合自己发展的企业。招聘过程要充分尊重双方的意见，实现高兴趣度、高擅长度、高匹配度的招聘目标。

② "三公"原则。"三公"原则是指招聘工作要公平、公正、公开地进行。遵循"三公"原则，既给予社会上人才以公平竞争的机会，达到广招人才的目的，也使招聘工作置于社会和大众的公开监督之下，防止不正之风。

③ 能位匹配原则。高尔夫球俱乐部各岗位的工作要求各有不同，要求的能力、特点也不同。在招聘过程中，要量才录用，做到用其长、避其短、适其岗，最大限度地发挥其潜能。

④ 效率优先原则。在招聘工作中，根据不同的招聘要求，要灵活选用适当的招聘方式，既保证招聘质量，又尽可能地降低招聘成本。

（2）招聘流程（图1-4）

① 需求分析阶段。根据高尔夫球俱乐部的发展规划（包括俱乐部各部门的职能、规模，不同岗位的业务发展模式及未来发展模式），结合人事部

对俱乐部人力资源的现状分析，规划俱乐部各个岗位的人员数量和要求。针对招聘岗位分析具体需求，为计划制订阶段打下基础。

图1-4　高尔夫球俱乐部招聘流程

② 计划制订阶段。计划制订阶段需要根据岗位需求形成一个标明有员工数量、技能要求、工作类别、招聘成本及完成招聘需要的管理人员数量和层次的列表。同时，还要根据需求明确对应的招聘渠道，制定招聘实施方案。计划制订阶段的实质是根据高尔夫球俱乐部的岗位需求，形成相对完善的招聘计划，向俱乐部决策层寻求工作支持。

③ 招募甄选阶段。按照计划制订阶段形成的招聘方案，按照已确定的招聘渠道，发布招聘信息。对收集汇总的应聘信息进行严格的甄选，是招聘工作的核心环节，关系到招聘工作的成败。甄选从履历筛选开始，再通过电话沟通，初步选择合适的人选。然后邀请他们来俱乐部参加笔试、面试，对入选者进行政治背景调查及综合测评。

笔试应包含专业知识测试（高尔夫球基础理论知识、球童知识、礼仪知识、管理知识等）、能力测试（高尔夫球运营管理和高尔夫球技术两个方面）、综合测评（具体可设置体能、兴趣、性格等方面的测评）。

④ 洽谈录用阶段。在洽谈录用阶段，俱乐部人事部招聘专员需要与入选者进行定资沟通，达成一致后，发出录用通知，商定报到入职事宜，待办理完系列入职手续后，进行具体岗位安置，然后进入岗位培训环节。

⑤ 效果评估阶段。俱乐部通过对新招聘员工进行试用期考察，从人员匹配度、招聘效率、费用等结果指标分析各过程环节成果，不断优化过程、

方法乃至计划方案，不断提升人力资本的效能，为俱乐部战略发展提供强有力的支撑。

（3）招聘方式

① 现场招聘会。现场招聘会是一种传统的招聘方式。高尔夫球俱乐部的招聘人员可以在现场和应聘者面对面交流，招聘费用较低，面试效率较高，双方可以在第一时间就自己关心的问题进行交流，但现场招聘的效果及求职者的数量、质量很难保证。

② 内部员工推荐。内部员工推荐是指高尔夫球俱乐部将招聘需求明确告知俱乐部员工，他们根据招聘需求向俱乐部推荐合适的人员的一种招聘方式。这种方式成功率高，招聘成本低，推荐的人员在能力、素质等方面具有针对性。但在招聘过程要考虑推荐者的因素，避免在俱乐部形成"小团体"。

③ 网络招聘。随着互联网的不断发展，网络招聘已经成为招聘的主要方式之一。网络招聘信息可以定时、定向发布，并进行实时管理。网络招聘的过程简单，从筛选简历、面试邀请到短信通知，基本上可以一键搞定。虽然目前网络招聘比较主流，但要注意甄别，要在众多简历中找到适合俱乐部的人选。

④ 校园招聘。校园招聘是一种特殊的外部招聘途径，是指高尔夫球俱乐部直接从学校招聘各级各类应届毕业生。由于高尔夫球俱乐部的特殊性，往往需要受过专业训练的教练、球童等，所以与开设相应专业的学校建立长期的校企合作关系，可以大大提高招聘效率，为俱乐部储备丰富的人力资源。

⑤ 猎头公司。猎头公司是发现、甄选、追踪、评价并推荐高端人才的公司。它的主要工作是为需要高端人才的企业猎取高端人才。当高尔夫球俱乐部需要招聘高级教练、职业经理人等高级岗位人才时，可采用此种招聘方式。

近些年，新媒体盛行，高尔夫球俱乐部可以通过论坛、微信公众号、官方微博等新媒体平台发布消息，在吸引优秀人才的同时，也能实现为俱乐部引流的效果。

2. **培训**

高尔夫球俱乐部员工培训是指俱乐部有计划、有步骤地对员工进行培养和训练，使他们具备相关的知识、技能、价值、行为规范等。培训不仅可以使员工增长知识，提高工作技能，还可以激发创新意识，培养团队凝聚力以及向上的工作态度。

（1）培训原则

① 系统性原则。对高尔夫球俱乐部员工的培训，应立足俱乐部的长远发展，以企业战略为目标方向。为了实现高尔夫球俱乐部的高效管理，构建完善的人才梯队，对员工的培训工作要系统性、全面化。培训对象涵盖各个部门员工，内容涉及礼仪、教练、球童、管理、会籍等方面。

② 针对性原则。针对不同岗位的员工要进行专门的教育和训练。针对性培训可以根据岗位需求，选择创造性培训方式。例如，前台工作人员培训，可进行一对一礼仪培训；教练培训则主要侧重精进技术，提高沟通表达能力；中高层管理人员则侧重提高管理能力。

③ 多样化原则。适应高尔夫球俱乐部发展要求的培训应该是多样化的，不仅要安排丰富的培训内容，还应该创新培训形式和授课方法，融入新元素、新技术。所以，人事部在确定培训前，一定要严格审核培训师的课纲和课件，确保培训质量。

④ 效益性原则。培训的本质是提升俱乐部人员的专业知识和技能、职业素养，以促进俱乐部的高质量发展。也就是说，高尔夫球俱乐部开展培训工作其实是在用低成本实现高收益。基于此，在安排培训课程时，一定要考虑培训成本和实际效果，使之满足俱乐部的需求。

（2）培训的类型

① 岗前培训。岗前培训是指俱乐部对上岗前的员工进行俱乐部的历史知识、规章制度以及业务知识、业务技术等方面的集中培训。对员工而言，岗前培训能帮助其了解俱乐部的历史和发展目标，使员工更快融入俱乐部，还可以帮助员工尽快掌握本职工作所需的方法和程序，尽快适应工作。对于俱乐部而言，可以通过岗前培训更好地识别人才，将合适的人才放在合适的岗位上，有利于增强员工工作的成就感和对俱乐部的好感。

② 在职培训。在职培训也称在岗培训，是指员工不脱离岗位参加的培训。培训形式主要有工作辅导、俱乐部内训、内部会议等。在岗培训主要是结合工作业务开展的，是不断提高员工工作能力的一种培训方式。这种培训方式具有增进管理层与员工之间的情感，加强部门之间的了解与协作等优点。

③ 脱产培训。脱产培训又称脱岗培训、脱产教育培训。相对于在职培

训而言，脱产培训是指员工离开工作现场，由俱乐部内外的专家和培训师对俱乐部内的各类人员进行集中教育。脱产培训受训人数较多，覆盖面较广，受训时间相对较长，培训内容涉及知识、技能、业务、礼仪等多个方面，但所需的培训费用也相对较高。

（3）培训流程（图1-5）

图1-5　高尔夫球俱乐部员工培训流程

① 确定培训需求。培训需求一般来源于高尔夫球俱乐部战略发展目标与现实能力之间的差距、绩效目标达成差距，以及员工职业发展所需求的能力与目前能力现状的差距等。俱乐部要客观分析培训需求，使培训更具针对性和实用性。了解员工培训需求的方法有很多，如面谈法、问卷调查法、现场观察法、小组讨论法和资料分析法。在调查和分析员工培训需求后，要将调查结果以书面形式形成培训需求报告，并报上级审批，决定是否开展后续的培训工作。

② 编制培训计划。经过上一阶段的需求调查，获得真实的培训需求后，高尔夫球俱乐部人事部要在符合俱乐部战略发展目标、业务发展规划和员工职业晋升的基础上，确定培训目标，编制培训计划。培训计划的编制是整个培训流程的关键环节，要对培训目标、培训对象、培训时间、培训地点、培训讲师、培训成本等进行系统的设计和安排。

③ 组织实施培训。在确定培训计划后，就要按照计划组织实施培训。培训准备阶段需要下发培训通知、确认讲师、准备课件、确认培训的时间与地点、检查调试设备、准备培训所需材料。培训实施阶段要确认参训学员，介绍培训课程，明确培训纪律和管理培训现场处理突发情况。以上每个环节环环相扣，要做到细致周到，才能确保培训的顺利实施。

④ 评估培训效果。科学的培训评估对于了解培训成效，界定培训对企业的贡献，跟踪参训人员的成长具有重要意义。高尔夫球俱乐部人事部培训管理专员可以利用柯氏四级培训评估模型进行全面的评估，也可以运用满意度调查问卷、访谈法、观察法等方法，从课程内容、讲师能力、现场

效果、课后收获等方面进行评估。在收集评估资料后，人事部要进行细致的培训分析，形成培训效果报告及改进意见，以不断优化培训工作。

拓展阅读:
柯氏四级培
训评估模型

（二）员工薪资管理及岗位晋升体系

对于高尔夫球俱乐部而言，员工的薪资管理和岗位晋升是俱乐部人才梯队建设的重要环节。

1. 员工薪资管理

高尔夫球俱乐部的薪资管理是指俱乐部针对所有员工所提供的服务来确定他们应当得到的报酬总额以及报酬结构和报酬形式的一个过程。在这个过程中，俱乐部就薪资构成、薪资体系、薪资设计以及特殊员工群体的薪资作出决策。

（1）薪资构成

① 基本工资和激励工资。基本工资是指员工定期获得固定数额的劳动报酬。经常以小时工资、月薪、年薪等计时工资的形式出现。激励工资是随着员工工作努力程度和劳动成果的变化而变化的劳动报酬部分，有类似奖金的性质。

② 奖金。奖金是企业对员工超额劳动部分或劳动绩效突出部分所支付的奖励性报酬，是企业为了鼓励员工提高劳动效率和工作质量付给员工的货币奖励。

③ 津贴与补贴。津贴是对劳动者在特殊条件下的额外劳动消耗或额外费用支出给予补偿的一种工资形式。例如，企业给生育的员工支付生育津贴。补贴是为了保证员工工资水平不受物价影响而支付给员工的一种工资形式。通常情况下，把与员工生活相联系的补偿称为补贴，如交通补贴、住房补贴等。

④ 福利。福利是指用人单位支付给员工除工资或薪资之外的劳动报酬，往往不以货币形式直接支付，而多以实物或服务的形式支付，如带薪休假、五险一金等。

（2）薪资管理

薪资管理是高尔夫球俱乐部在发展战略的指导下，对员工报酬的支付原则、支付标准、发放水平、要素结构进行确定、分配和调整的过程。薪资管理主要包括以下三个方面：

① 确定薪资管理目标。一般来讲，企业的薪资管理目标主要是建立稳

定的员工队伍，吸引高素质人才，激发员工的工作热情，创造出高效率、高绩效，努力实现俱乐部和员工共同发展。

② 设计薪资政策。薪资政策是企业管理者对薪资管理运行的目标、任务、手段的选择和组合，是企业在员工薪酬上所采取的方针政策。在设计薪资政策时秉承以下原则：第一，战略匹配原则，即企业经营战略与人才战略相匹配。第二，价值导向原则，要主要考虑员工对企业的贡献与价值，以及胜任岗位所需的条件、能力、职业素养等要求，要在岗位分析的基础上确定岗位工资标准。第三，业绩导向原则，即员工的绩效奖金将反映其个人绩效状况，员工的年终奖由个人绩效与企业绩效双重因素决定。

③ 薪资的控制与调整。薪资的调控需要根据薪资政策制订的薪资计划来体现。薪资计划要统筹考虑员工的薪酬支付水平、支付结构及薪酬调整条件。

（3）薪资设计的流程

① 岗位设置。首先，在了解公司发展计划的基础上，进行岗位设置，这是做好薪资设计的基础和前提。高尔夫球俱乐部从上层决策岗到中层管理岗、基层工作岗位，每一个层级都要形成清晰的岗位结构图和岗位职责说明书，为后续的薪资结构设计打下基础。

② 薪资调查。企业在进行薪资设计时，不仅要保证工资制度的内在公平性，还要反映外在公平性。组织开展薪酬调查，了解和掌握本地区、本行业的薪酬水平状况，特别是竞争对手的薪资水平。同时，要参照同行业、同地区其他企业的薪资水平，以调整本企业的薪资结构。

③ 薪资结构设计。所谓薪资结构，是指企业的组织结构中各项工作的相对价值及其对应的实付工资之间保持何种关系。企业要综合评价每个岗位的理论价值，即在理论上该岗位的工作难易程度，对员工能力和素质的要求，对企业的贡献等。根据理论价值，确定工资等级。理论价值高的岗位，工资率相对较高。

④ 薪资方案的实施、修正和调整。薪资方案确定之后，要在实施过程中发现问题及时调整、完善。此外，还要建立薪资管理的动态机制，根据企业的发展战略和经营环境变化，适时地进行调整，更好地发挥薪资管理功能。常用的调整方法包括薪酬整体性调整、绩效薪酬调整、物价性调整、工龄性调整。

案例：人事
部管理制度

2. **员工岗位晋升体系**

员工岗位晋升体系是高尔夫球俱乐部为了提升员工个人综合素质和能

力，充分调动员工的主动性和积极性而制定的员工晋升、晋级工作流程和制度。

（1）员工岗位晋升体系的类型

① 按照渠道划分，可分为部门内部晋升和跨部门晋升。部门内部晋升是指员工在本部门内的岗位升级，由所在部门根据实际情况，考核后统一安排。跨部门晋升是指员工在企业内部不同部门之间的流动，须所在部门和晋升部门同时考核同意，报上级领导批准，由人事部统一安排。

② 按照形式划分，可分为三种类型：一是岗位晋升、薪资晋升，即员工同时提高岗位等级和工资水平；二是岗位晋升，薪资不变；三是岗位不变，薪资晋升。

③ 按照时间划分，可分为定期晋升和不定期晋升。定期晋升就是每年根据公司经营情况，在某一固定时间统一晋升；不定期晋升是指在年度工作中，对公司有特殊贡献、表现优异的员工，予以晋升。

（2）员工岗位晋升的原则

① 德才业绩兼备原则。晋升要全方面考量员工的职业素养、道德品行和业绩，衡量其对公司的贡献，综合考量予以晋升。

② 逐级晋升原则。企业内部各岗位等级的晋升，原则上应逐级晋升。对个别业务能力特别强、业绩特别突出、品德特别优秀的员工，可以跨级晋升。

③ 坚持按岗聘用、竞争上岗的原则。企业在设置晋升岗位时，要按岗聘用而非依人设岗。在拟晋升人员满足晋升条件的基础上，要选用差额竞选的方式，按照流程竞争上岗。

④ 公开、公平、择优原则。企业要公开、公正、稳妥地推进岗位晋升工作，采取"成熟一批、审核一批、批准一批"的方式，择优晋升。

⑤ 能上能下原则。岗位等级晋升后的员工，如果不服从工作安排和组织管理，工作懈怠，或违纪违规，或道德品质出现问题，应降低岗位等级。

（3）员工岗位晋升步骤

① 发布岗位需求。由人事部汇总各部门意见，根据部门经营状况、发展方向、人员配置状况，向员工统一发布晋升岗位，并标注清楚岗位工作内容和晋升要求及方式。

② 员工晋升申请。按照人事部发布的晋升岗位，员工自主填写岗位申

请，提交上级部门和人事部审核。

③ 岗位竞争。对所有申请人员进行资格审查，审查合格者统一参加岗位竞聘。一般采用"笔试＋面试＋访谈"的方式进行。笔试主要考核是否具备竞聘岗位要求的能力，能否胜任晋升岗位。面试主要通过申请者的现场展示，表述过往工作成绩，对竞聘岗位工作的设想与规划。访谈主要走访申请者的上级、同级及下级同事，听取他们的评价及建议。综合三个方面的成绩，确定晋升人选。

④ 公示上岗。由人事部将岗位竞聘的最终结果向全体员工公示，公示期内无异议的，可安排岗前培训，正式上岗。

二、高尔夫球俱乐部财务管理

高尔夫球俱乐部财务管理是俱乐部在整体战略部署下，组织财务活动、处理财务关系以及进行资产购置、资本筹措和利润分配等重要的综合管理工作。球场的建设和维护、俱乐部的运营都需要大量的资金投入，俱乐部投资者会考虑投资规模和结构，尽量提高效益，降低投资风险。俱乐部管理者会想尽办法提高资金使用效率，获得更多的利润。俱乐部在取得收入后，需要补偿成本、缴税纳税，再进行分配，形成资金不断循环的动态过程。

（一）高尔夫球俱乐部财务管理的内容和手段

财务管理是为了有效保护俱乐部的资产安全、完整，确保有关法律法规和规章制度及俱乐部经营管理方针政策的贯彻执行，避免或降低风险，提高经营管理效率，实现俱乐部经营管理目标而制定和实施的一系列财务控制方法、措施和程序。

高尔夫球俱乐部财务管理管理工作依法有序进行，是财务部发挥职能作用的重要保证。因此，俱乐部建立健全的财务管理制度，做到事前预防、事中控制、事后反馈，只有这样，俱乐部运营才能有可靠的保障。

高尔夫球俱乐部的财务管理涉及面广，内容繁杂。财务部既要时刻关注俱乐部的基础设施建设、草坪的维护、会籍系统的规范使用以及客房餐厅的运营，同时还要兼顾教练、球童等工作人员的薪资福利，对俱乐部涉及的所有经济活动进行监督、控制、调节。归纳起来，俱乐部财务管理手段主要有财务核算和财务监督。

1. 财务核算

财务核算贯穿俱乐部所有的经济活动，是财务管理的基本职能。俱乐部每一笔款项收入和支出，都要接受财务核算。财务核算是指财务人员以货币为主要计量单位，对俱乐部的经营、经济活动进行确认、计量、记录和报告，并为有关各方提供财务信息。财务核算的具体内容包括：

（1）款项和有价证券的收付。

（2）财务的收发、增减和使用。

（3）债权债务的发生和结算。

（4）资本、基金的增减。

（5）收入、支出、费用、成本的计算。

（6）财务成果的计算和处理。

（7）需要办理会计手续、进行财务核算的其他内容。

2. 财务监督

俱乐部财务监督是指财务人员在进行财务核算的同时，通过预测、决策、控制、分析、考评等具体方法，对特定会计对象所发生的经济业务的合法性、合理性进行审查。财务监督的具体内容包括：

（1）对原始凭证进行审核和监督。

（2）对会计账簿和财务报告的监督。

（3）对财产物资的监督。

（4）对财务收支的监督。

俱乐部经营过程中，要严格进行财务监督，避免出现错误和舞弊现象的发生。财务部要加强会计监督力度，建立健全财务管理制度，引进先进的高尔夫球场管理系统，确保俱乐部各项经济活动合法合规进行。

（二）高尔夫球俱乐部的成本控制管理

1. 高尔夫球俱乐部成本控制管理的内容

高尔夫球俱乐部成本管理通常是在俱乐部的经营过程中，向客户提供赛事、练习、娱乐、住宿、餐饮以及会议等服务中涉及的成本管理行为的统称。根据俱乐部的经营范围，成本一般包括设施维护成本、人力资源成本、俱乐部运营成本等内容。

（1）设施维护成本

高尔夫俱乐部依托高尔夫球场，为客户提供以打球为核心的综合服务。

从球场的建设、草坪的维护到酒店的设计、客房的设施等，都需要成本。而且，随着使用时限的增加，损耗和维修也是不可避免的成本投入。

（2）人力资源成本

高尔夫球俱乐部的人力资源成本并不能机械地等同于员工的薪资，还包括人力资源的取得成本、开发成本、替代成本、使用成本以及日常人事管理成本等。俱乐部为了给客户提供优质的服务，会雇用大量的教练、球童和服务人员，特别是教练，培养周期长，薪资高，而且近年来人才流动率逐年增高，给俱乐部人力资源成本控制带来了困难和挑战。

（3）俱乐部运营成本

高尔夫球俱乐部的客户对于球场、住宿、餐饮以及服务的要求相对较高，因此俱乐部在酒店经营成本上的投入也相应增加。原材料采购、设备引进、货物验收、库存管理、客房管理、厨房加工、餐厅服务，任何一个环节都是成本控制，若存在问题，都会使运营成本整体上升和利润率降低。

（4）能源成本

高尔夫球俱乐部的能源成本集中在供热、供水、供电三个系统，主要的能源消耗部门是客房部、洗衣房、餐饮部。供热是俱乐部的第一大能耗系统，以供暖系统、蒸汽系统和烹饪系统为核心，能耗可达到俱乐部总能耗的25%～30%。俱乐部的水耗主要来源于客房用水、厨房用水、洗衣房洗涤用水以及草坪养护用水等。电力消耗主要包括照明系统和电力设备系统两个部分。随着"双碳政策"的推行，能源成本的控制将成为俱乐部可持续发展的重要环节。

（5）营销服务成本

高尔夫球俱乐部根据不同的定位，都要打造自身的品牌形象，增加客户的黏性。对外要加强俱乐部的宣传和公关，对内要确保会籍、球具、餐饮等方面的销售额，提供一对一的私人订制服务。在提高客户满意度的同时，也会增加营销服务的成本。

（6）损失成本

高尔夫球俱乐部的损失成本是指由于意外突发事故所造成的成本损失，如自然灾害、火灾等意外情况给俱乐部造成的损失，这类事件常常不可控，但俱乐部应提前做出应急预案，以降低风险和损失。

2. 高尔夫球俱乐部成本控制步骤

高尔夫球俱乐部的成本控制步骤具体包括成本规划、成本决策、成本分析和成本控制四个环节，这四个环节贯穿俱乐部经营服务过程的始终，最终服务俱乐部的经营发展，实现效益的增长。

（1）成本规划

成本规划是制定成本管理战略，为具体的成本管理提供战略思路和总体要求。成本规划是根据俱乐部的竞争战略和所处的经济环境制定的，主要包括确定成本管理的重点，规划控制成本的总体途径，确定业绩评价的目的和标准。成本规划要与俱乐部的战略目标相一致，体现俱乐部的发展重点。例如，俱乐部的战略定位为"商务休闲为主，打球为辅"，在此定位上，会所在制定成本规划时就会侧重硬件设施和服务质量，以匹配会所的整体发展。

（2）成本决策

成本决策是指依据掌握的各种决策成本及相关数据，对各种备选方案进行分析比较，从中选择最佳方案的过程。俱乐部的成本决策与成本规划紧密相连，它以成本规划为基础，贯穿整个俱乐部的生产经营过程。目前市场竞争激烈，高尔夫球运动从业人员缺乏，会员维护成本较高，因此，俱乐部的每个部门、俱乐部经营管理的每个环节都应选择最优成本决策方案，达到整体效果的优化。

（3）成本分析

成本分析是利用成本核算及其他有关资料，分析成本水平与构成的变动情况，研究影响成本升降的各种因素及其变动原因，寻找降低成本途径的分析方法。成本投入与控制不是一成不变的，其受经济、社会、文化影响。俱乐部成本分析的作用是解释成本升降变动的原因，为俱乐部编制成本计划和制定经营决策提供重要依据，以便适时调整俱乐部的发展方向及营销策略。

（4）成本控制

成本控制指运用以成本会计为主的各种方法，预定成本限额，按限额开支成本费用，以实际成本和成本限额比较，衡量经济活动的绩效，以提高工作效率，实现乃至超过预期的成本限额。

高尔夫球俱乐部的发展需要摸索出一套行之有效的成本控制模式，严格按照上述四个环节进行层层把控，利用集约化的平台采购、规模化的运营模式、信息化的技术支持等方式，整合优化资源，推动俱乐部的高效持续发展。

（三）高尔夫球俱乐部的采购管理

1. 高尔夫球俱乐部采购部的职能

一般来讲，高尔夫球俱乐部会单独设立采购部，下设采购经理和采购专员。俱乐部内所有部门物品的采购都需要经采购部审核批准，大型设备的采买，如练习场设施、球具球服等由采购部统一确定供应商。采购部是整个俱乐部物品传输中心（图1-6）。因此，采购部要与各个部门保持密切的联系和良好的沟通，保障俱乐部的正常运行。

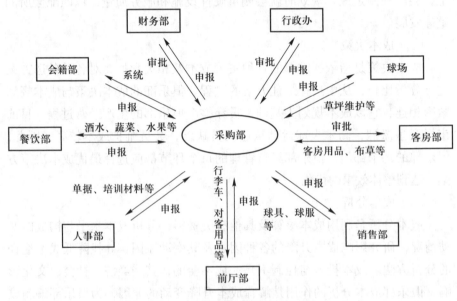

图1-6 采购部与各部门的关系

具体来讲，高尔夫球俱乐部采购部的职能如下：

（1）采购部应与财务部、运营部门和其他相关部门共同制定俱乐部的采购制度和流程，并对采购行为进行监督。

（2）采购部就供应商、采购数量、交货日期和价格协商等问题做出最终决策。

（3）采购部应负责与实际供应商和潜在供应商建立并保持有效的业务联系。

（4）采购部是处理所有价格、产品要求的唯一渠道，应负责就价格或报价问题与供应商联系。

（5）所有与供应商的谈判应由采购人员在其授权范围内进行。

（6）采购员应考虑价格、服务、质量和交货等指标，尽量以最低的使用成本购买所需货品。

2. 高尔夫球俱乐部的采购流程

高尔夫球俱乐部的采购管理是指俱乐部在生产经营活动中，根据采购需求确定采购计划，进行采购行为的全过程，主要由采购部负责统筹，通过充分发挥采购的杠杆效应来降低俱乐部发展成本，使俱乐部在激烈的市场环境中保持竞争力，提升俱乐部的营利能力，为俱乐部带来更大的利润。

从球场的建设、球具、服饰、电瓶车，到俱乐部提供给客人的餐饮，再到俱乐部维护所需的器材，每个环节都与采购息息相关。制定统一、规范的采购流程（图1-7），既可以实现采购部门的宏观控制，还可以提升俱乐部的工作效率，避免出现掣肘、遗漏的现象。

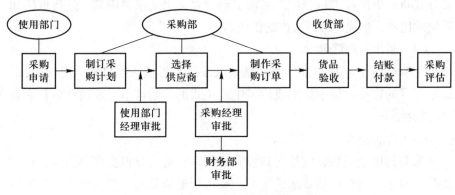

图1-7　高尔夫球俱乐部采购流程图

（1）采购申请

目前，高尔夫球俱乐部基本配置了信息化采购系统，降低了人工成本，大大提升了工作效率。俱乐部各部门根据需求在采购系统中下采购单，对所购买的物品标注名称、规格、品牌等信息。采购形式分集中采购和部门采购两种。集中采购的物品由采购部门审核、采购。部门采购的物品由采购人发出申请，经使用部门领导批准方可采购。

（2）制订采购计划

俱乐部审核使用部门的采购申请，按照俱乐部的实际经营状况，制订

35

明确的采购计划，以加强采购管理。采购计划具体包括以下内容：

① 确定采购种类。高尔夫球俱乐部在采购商品之前，要按照俱乐部会员的消费能力和消费偏好，确定经营何种品类、何种质量的商品。

② 确定存储数量。在确定了采购商品的种类之后，就要确定存储商品的数量，还要综合考虑销售额和利润，事先进行预估，确保与客流量、销售额的匹配。

③ 确定存储时间和地点。高尔夫球俱乐部往往会随着赛事、季节的变化，出现旺季和淡季。在制订采购计划时，除了商品流转率和客户接受程度，还要考虑俱乐部流量、订货和送货时间、折扣和存货处理效率等因素。

（3）选择供应商

根据采购计划，采购员要选择合适的供应商。一般来讲，供应商的来源有两种：一是固定的供应商，减少寻找新供应商及重新磨合产生的额外采购成本。二是发掘新的供应商，如现有的供应商无法供货，俱乐部就需要寻找新的供应商进行合作。采购员至少要选出三家供应商，进行价格和质量的比较，再确定最终合作的供应商。

（4）制作采购订单

采购员将供应商的报价及信息录入系统，形成采购订单，经财务部、总经理等的审批。待审批完成后，生成正式的采购订单。采购订单具有合同时效性。

（5）货品验收

采购订单生成后，应抄送到收货部门。收货人员根据订单数量，验收货品。对于不符合收货要求的货品，要进行退货处理。货品验收环节的所有行为都要记录在案，由收货员、使用部门申请采购人、采购员共同确认核实。

（6）结账付款

收货记录确认后，将收货记录送至财务部。财务部根据收货凭证每月统一与供应商进行账款核实，核实无误后给供应商付款。

（7）采购评估

每次采购流程完成之后，不管采购环节有无漏洞，都要进行评估和总结，填写"采购供应商评估表"，为以后的采购行为留下参考依据（表1-2）。

案例：高尔夫球俱乐部与供应商关系处理

▶ 表 1-2 采购供应商评估表

评估内容	评估等级			
	A级（9~10分）	B级（6~8分）	C级（4~5分）	D级（3分以下）
商品质量	质量优	质量尚可	质量差	劣质
畅销程度	非常畅销	畅销	一般	直销
性价比	性价比非常高	性价比高	一般	性价比低
配送服务	准时	偶有延误	经常延误	从不准时
次品率	2%以下	2%~5%	6%~10%	10%以上
退货服务	准时	偶有延误	经常延误	从不准时
财务配合	非常配合	配合	比较配合	不配合
总分				

3. 高尔夫球俱乐部的采购合同管理

高尔夫球俱乐部在采购过程中，应与供应商签订合同，以保障双方的权益。采购合同管理是指采购双方按照法律规定，对采购合同的拟定、履行、变更、终止、合同纠纷处理及保管归档工作进行规范化管理，从而达到防控法律风险、维护俱乐部合法权益的目的。

（1）健全采购合同管理规章制度

采购合同管理制度大体包括采购合同的调查、签订、审批、会签、审查、登记、备案，合同示范文本管理、合同履行与纠纷处理、合同定期统计与考核检查、合同管理奖惩与考核等内容。规范的采购合同规章制度可以确保俱乐部的采购行为规范、科学，让采购工作有法可循，有据可依。

（2）加强对采购合同订立的管理

高尔夫球俱乐部受其经营业务和自身规模的影响，涉及的采购内容复杂，很多设备需要进口，如草坪的维护设备（剪草机、打孔机、切割机、覆沙机）90%是由国外的供应商供应，而且价格不菲。故而，在采购合同的订立阶段，要对供应商进行充分的调研和分析，确保合同条款的准确性，避免法律上的纠纷。

（3）加强对采购合同履行的监督

采购合同一经生效，俱乐部就应派专门的工作人员进行监督，特别是一些重要的原材料，如餐饮部的食品加工，需要到工厂做抽样检查，确保货品的质量。如遇采购合同无法正常履行的状况，要尽快反馈给采购部门，采取补救措施，以免影响俱乐部的正常经营。

案例：采购

思考与实训

1. 简述高尔夫球俱乐部的产生与发展。

2. 高尔夫球俱乐部的性质有哪些？

3. 试述高尔夫球俱乐部的功能。

4. 试述我国高尔夫球俱乐部的产生与发展。

5. 简述高尔夫球俱乐部运营管理的特点。

6. 高尔夫球俱乐部运营管理模式有哪些？

7. 高尔夫球俱乐部管理原则有哪些？

8. 高尔夫球俱乐部组织结构形式有几种？

9. 简述高尔夫球俱乐部的招聘流程。

10. 详细阐述高尔夫球俱乐部的采购流程。

第二章

高尔夫球市场营销管理

本章导言

高尔夫球俱乐部市场部主要负责俱乐部的市场营销，是专业性非常强的部门，是客人享受高尔夫球运动的执行部门。市场营销管理直接决定着俱乐部的盈亏。本章从俱乐部市场部的工作内容出发，首先介绍了高尔夫球产品；然后介绍了高尔夫球市场营销的内容，包括基本任务、功能、基本工作、团队建设、营销渠道、营销策略以及操作流程等内容；最后重点介绍了高尔夫球俱乐部会员管理的相关内容。

学习目标

1. 了解高尔夫球产品的定位策略和方法，能够针对具体的产品完成产品的定位和营销工作。

2. 学习高尔夫球市场营销团队的建设，以及营销渠道、营销策略等内容，能够完成高尔夫球产品的营销工作，并对团队的营销作出合理的评价。

3. 掌握高尔夫球俱乐部会员服务的主要内容和作用，能够高质量完成会员服务工作及其管理工作。

第一节 高尔夫球产品概述

产品是指被人们使用和消费，并能满足人们某种需要的任何东西。它包括有形的物品，无形的服务、组织、观念或它们的组合。产品的概念已经远远超越了传统意义的有形实物价值范围。高尔夫球俱乐部是开展市场营销的载体。因此，本节所讲的产品是指基于高尔夫球俱乐部所产生的产品。

一、高尔夫球俱乐部产品的类型

1. 有形产品

（1）球场

球场属于大宗产品，打球交际的平台，也可以作为大宗产品进行买卖和出售。

（2）会所

会所属于大宗产品，交际平台，有形商品，不可单独出售，但可以通过租借或转让经营权，获得资金收益。

（3）餐厅与酒吧

餐厅与酒吧附属于球场，主要集中于会所，是传统大市场的具体体现，但是附加值高。餐厅与酒吧是连接传统大市场的主要窗口。餐厅与酒吧主要的商品为酒水、饮料、食品等。餐厅与酒吧还可以是大宗商品，但不可单独出售，通常以租借方式或转让经营权方式获取资金收益。

（4）高尔夫球具

高尔夫球具主要包括球杆、球、球包等。球包品种多样，价格不一，专业性强，用量大，商业交易频繁，渗透性广。以往高尔夫球商品专卖店是高尔夫球具出售的地方，近年来这些产品也已渗透到商场。

（5）高尔夫服装

高尔夫服装包括男装、女装、童装、球鞋、休闲鞋、袜子、帽子、头饰等。

（6）高尔夫球车

高尔夫球车属于大宗商品，包括手推车和电瓶车，属于球场物资，在球场内为非卖品，通常供球员租借。

（7）其他有形产品

其他有形产品还有洗球机、捡球器、回收器、测距仪及标码、模拟练习设备和挥杆分析器等。

2. 无形产品

（1）高尔夫球俱乐部会籍。其是专业性市场大宗产品，高附加值产品，为多次消费产品。俱乐部会籍具有多种类型，价格不一，是俱乐部独特的无形产品之一。俱乐部会籍市场销售程度和价格受球场规模与设计、草坪养护质量、会所质量及配套设施等因素影响。同时，高尔夫球俱乐部对会籍产品的宣传也很重要。

（2）高尔夫球赛事。高尔夫球比赛，从赛事赞助、赛事组织、赛事报道到赛事奖品、纪念品，以及球员和观众的住宿、饮食安排，都具有营销空间。而高尔夫球比赛本身也会产生较多的消费。

（3）媒体。从第一次高尔夫球公开赛开始，媒体就已经渗透到高尔夫球活动之中，利用如报纸、广播、电视、网络媒体、书籍、杂志、广告、高尔夫球宣传画及艺术品等介绍和宣传高尔夫球产品。

（4）高尔夫旅游。高尔夫球旅游指人们前往各地高尔夫球场进行打球、度假、参会、交友等活动。高尔夫球旅游有高尔夫风景游、高尔夫球南北游、高尔夫球猎奇游、高尔夫球国际游、高尔夫球商务游五种形式。高尔夫球场可以通过与旅游机构合作，解决客源问题，增加营业收入，提高球场的使用率，有效拉动当地旅游、餐饮等周边经济的发展。如今，高尔夫球旅游已成为旅游业一个新兴经济增长点。

二、高尔夫球俱乐部产品生命周期

产品生命周期理论是现代营销管理中的一个重要理论。产品的生命分为自然生命和市场生命。自然生命指的是产品能使用多长时间，是一种物理概念。产品的市场生命则是指产品从进军市场到被市场淘汰所经历的时间，是一种社会概念。本书所介绍的高尔夫球俱乐部产品生命周期主要指市场生命周期，即高尔夫球俱乐部产品在市场上从出现、发展到被淘汰的全过程。高尔夫球俱乐部产品生命周期受产品的性质、用途、消费习惯、消费者可支配收入水平的变化、社会的进步等因素影响，一般呈 S 形正态曲线分布，包括投放期、成长期、成熟期、衰退期等 4 个阶段（图 2-1）。

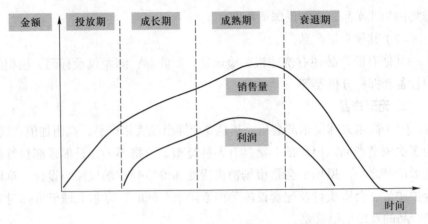

图 2-1　高尔夫球俱乐部产品生命周期曲线图示

1. 投放期

投放期也称导入期或诞生期，该阶段指高尔夫球产品设计成功并开始投放市场的时期。这一阶段的高尔夫球俱乐部产品设计与销售都有待进一步完善，服务质量不稳定。由于产品刚投入市场，消费者对产品还不了解或对产品存有顾虑，消费者的购买行为不够踊跃，表现在销售额上为增长缓慢。由于产品在这一阶段的生产成本高，宣传广告费用大，因此，该阶段的利润率较低，甚至在一定程度上会出现亏损状态。

2. 成长期

成长期指高尔夫球俱乐部新产品通过一段时间的销售，逐渐被消费者所接受，是销售量迅速增长的时期。这一时期，产品通过调整和改进已趋于完善，服务质量有了较大提高，产品逐渐被消费者熟悉和认可，企业的利润也迅速上升。与此同时，由于前期宣传广告费投入较大，这一时期的宣传广告费用随着消费者对产品的认识程度提高会有所降低，销售成本也随之下降。但由于这一时期的销售情况良好，作为新兴产业的市场渗透率较高，可能会在市场上出现一些竞争对手。

3. 成熟期

成熟期指高尔夫球俱乐部产品已完全被市场者所接受，在市场消费者已充分开发，需求量达到顶峰且趋向饱和，产品销售量进入增长稳定且缓慢时期，这一时期，产品的成本降至最低，企业利润达到最高水平。同时在这一时期，竞争者的同类产品纷纷进入市场，竞争十分激烈。

4. 衰退期

衰退期指高尔夫球俱乐部产品经过长时期销售，逐渐退出高尔夫市场的时期。在这一时期，产品的形式和内容都显得陈旧，消费者对产品的兴趣急剧下降，更具吸引力的新产品的出现使消费者兴趣发生转移，转而倾向于购买新产品，老产品逐渐被新产品替代，最后被淘汰出市场。

三、高尔夫球俱乐部市场定位

随着高尔夫球运动的发展，市场竞争日趋激烈。高尔夫球俱乐部必须想方设法使自己的产品在市场上占有独特的、有价值的位置，以区别或超越竞争对手。高尔夫球俱乐部提供的是服务性产品，其市场定位实际上是要创造差异优势，以便在目标市场上吸引更多的消费者。其实质就是强化和放大产品和服务的优势，寻求创立特色和树立独特的市场形象，以赢得消费者的认同。

（一）高尔夫球俱乐部市场定位的核心内容

高尔夫球产品市场定位是要建立差异优势。因此，高尔夫球俱乐部市场定位的核心内容为：一是高尔夫球俱乐部产品的差异化设计；二是高尔夫球俱乐部服务形象差异性塑造。

1. 高尔夫球俱乐部产品差异化设计

高尔夫球产品市场定位的实质在于提供特色产品，高尔夫球俱乐部必须对目标市场的消费需求和偏好以及竞争对手在同一市场的产品定位构成进行调查，结合自身特色，设计出新颖而又有吸引力的产品，建立明显的差异优势。

2. 高尔夫球俱乐部服务形象差异化塑造

高尔夫球俱乐部服务形象分为实质性形象和象征性形象。实质性形象主要体现在以下两方面：一是高尔夫球俱乐部提供的产品与价格的一致性，即价格不能与产品脱节；二是服务内容与服务效果等方面要反映俱乐部所提供产品的实际功效，让消费者感到心满意足。象征性形象指俱乐部在经营过程中形成的俱乐部气质，如服务的人性化、细致化。应该牢记，服务的本身就是产品的组成部分。

（二）高尔夫球俱乐部市场定位策略

高尔夫球俱乐部市场定位是一种竞争战略，因此，高尔夫球俱乐部在进行市场定位时，应考虑运用什么样的定位策略。定位策略不同，竞争的态势也就不同。实际上定位就是要建立一种竞争优势，以便吸引更多的消费者。市场定位策略有很多，归纳起来主要如下几点：

1. 第一定位策略

在各种行业，在每一区域中，总有一些被社会公认的，处于第一位的企业。进入第一定位的企业一般名气大，信誉度好，仅凭实力就具有抓住顾客的吸引力，其他竞争对手很难动摇他们的市场。消费者一般容易记住影响力最大的企业，这种不可替代的第一效果，意味着企业的利益所在。许多高尔夫俱乐部以此为目标。

2. 跟随定位策略

高尔夫球俱乐部常采用跟随定位策略使自身成为竞争地域的第二或第三定位的企业。这种策略的关键是让消费者知道高尔夫球俱乐部同样能够提供具有吸引力的产品和服务。采用跟随定位策略的好处是目标不大，竞争稍小，可以相对减少市场阻力，而且还可以学习第一定位的俱乐部，争取更多的市场。

3. 空间定位策略

空间定位策略就是寻找消费者所看重的，而未被竞争者所重视的空间进行定位的策略。这实际上是一种补位策略，将竞争者留下的空位市场迅速补上，并牢牢抓住，以在竞争激烈的市场占据一席之地。

4. 共享定位策略

这是高尔夫球俱乐部利用"名人俱乐部"效应或"品牌管理公司"效应的一种定位方式。在运用这一策略时，高尔夫球俱乐部可以把自己划分到"某名人俱乐部"的范围，或加入"品牌管理公司"，借用名牌效应、成功经验达到快速占领市场的目的，如太平洋联盟总统俱乐部。

5. 重新定位策略

重新定位也称二次定位或再次定位。高尔夫球俱乐部在目标市场定位后，经过一段时间的经营发现消费者需求发生了变化，或者原有定位与消费者心目中的需求不符等情况，及时重塑产品特色，以改变目标市场消费者对原有市场定位的认识和印象。重新定位主要是使俱乐部能够与竞争者拉开市场距离，做到更具特色，达到吸引消费者的目的。

6. 心理定位策略

心理定位策略指高尔夫球俱乐部针对消费者的心理需求进行市场定位的方法。不同的消费者有不同的消费心态，有的讲究品牌效应，有的则看重实惠。经营者针对消费者的心理状态进行定位，可达到很好的效果。在实际经营中，这一定位策略被广泛应用。

7. 特色定位策略

特色定位策略指高尔夫球俱乐部为自己的经营培育一定的特色，树立一种独特的市场形象，以求在消费者心目中形成一种特殊的偏爱。一般说，这种特色是独有的，竞争者难以复制。例如，一些高尔夫球俱乐部充分利用球场周边的旅游资源，将高尔夫球俱乐部消费与旅游结合在一起，建立高尔夫球＋旅游特色，收到了很好的效果。

8. 消费群体定位策略

消费群体定位策略指根据细分市场的特点，针对特定消费群体进行定位的方法，是创建品牌形象的一种定位策略。例如，高尔夫球俱乐部抓住高尔夫球"优雅、品位、绅士运动"的特征，设计出"都市精英俱乐部"这一主题的品牌概念，专门为这类消费群体提供相应的产品和服务，以满足他们对这一主题的心理需求。

任何事物都不是一成不变的，高尔夫球俱乐部定位策略也一样，没有绝对的和不变的。以上所述的定位策略是方法、逻辑和规律。事实上，市场定位是没有程式可言的，既可以确定在实物方面，也可以针对心理方面，或者两者兼而有之。高尔夫球俱乐部进行市场定位必须结合自身的实际情况来运用定位策略，核心是要建立竞争优势。

（三）高尔夫球俱乐部市场定位方法

市场定位有许多方法，专业性很强的营销策划机构会运用数字定量与定性相结合的方法来使定位程序具体化，如定位图法、排比图法、对比图法等。高尔夫球俱乐部市场定位，讲究的是综合性思维方式。因此，在定位方法上更注重思维的过程和步骤。通常，高尔夫球俱乐部市场定位有以下三个步骤：

1. 确认自身优势

高尔夫球俱乐部要进行市场定位，首先必须清楚了解自己在市场竞争中自身所具有的优势。通过扬长避短的方法进行营销，力争在市场上赢得一席之地。要准确地认识俱乐部自身的优势，其中心任务是解决以下三个问题：

（1）竞争对手的市场定位如何？

（2）目标市场上足够数量的消费者欲望满足程度有多大？还需要什么？

（3）针对竞争者的市场定位和消费者需求，要求俱乐部如何去做？

高尔夫球俱乐部市场部营销人员必须经过市场调研，系统地收集相关信息，对以上问题认真分析和研究，从而得出结论。这样，俱乐部就可以从中把握和确定自身潜在的竞争优势。

2. 选择竞争优势

高尔夫球俱乐部确定自身优势应该选择那些相对有竞争力的优势来体现俱乐部能够战胜竞争者的能力。这种优势可以是现有的，也可以是潜在的。选择竞争优势是一个与竞争者进行比较实力的过程。

3. 展示及传播独特的竞争优势

高尔夫球俱乐部要通过一系列的宣传促销活动，使其独特的竞争优势准确地传播和展示给消费者，并在消费者心目中留下深刻的印象。为此，俱乐部要充分了解目标消费群体的偏好与俱乐部的定位是否一致，努力强化并巩固与市场相一致的形象。

第二节　高尔夫球市场营销概述

高尔夫球市场营销是指高尔夫球俱乐部为建立、加深和维持与客户之间的关系，对所确定的理想经营项目及其营销活动进行系统的计划、组织、执行和控制，以实现高尔夫球俱乐部经营的总体目标。其基本内容包括：分析、计划、执行、控制高尔夫球俱乐部产品营销的总目标和全过程，从而实现客户需求和俱乐部经营目标；协调产品、价格、促销、渠道的系统关系；沟通俱乐部内外关系，宏观控制企业内外市场环境。市场营销是高尔夫球运营管理的中心内容。

一、高尔夫球市场营销的基本任务

高尔夫球产品核心是调整市场需求的水准和时空关系，以便获取令人满意的需求状态，达到高尔夫球俱乐部的营销目标。高尔夫球俱乐部的市场需求波动大，供求关系因季节、地点等因素往往会出现不足或过剩的现象，为高尔夫球俱乐部经营管理造成极大困难。高尔夫球俱乐部市场营销的主要任务是根据市场需求，结合高尔夫球俱乐部的现有资源和能力，采取一定的营销策略，协调供求关系，缓解供求矛盾，使供求双方和谐。美国营销学家菲利普·科特勒把市场需求划分为八种不同状态，即负需求、无需求、潜在需求、衰退性需求、不规则需求、饱和需求、超饱和需求和不健康需求。针对这八种状态确定了高尔夫球市场营销管理的八项任务。

（1）负需求一般指顾客对高尔夫球俱乐部产品不喜爱、反感和躲避。营销任务是开导需求，即首先了解顾客对高尔夫球俱乐部产品不喜爱、反感和躲避的原因，如顾客对高尔夫球俱乐部产品不认同，顾客价值观念与高尔夫球俱乐部产品差异大，产品价格问题，购买产品风险过大等。找出原因之后，加强开导性宣传，扭转顾客的状态，使之喜爱，故这种营销方式也称为扭转性营销。

（2）无需求是指顾客对高尔夫球俱乐部产品表现出情绪冷漠，不急于购买。其原因往往是顾客对产品认识不够，认为高尔夫球俱乐部产品不适合自己，或对产品有误解等。此时的营销任务是创造需求，即创造高尔夫球俱乐部产品特色和顾客的需求条件，刺激顾客购买。

（3）潜在需求是指顾客仅具有消费的潜在欲望，而并无实际的消费行为。营销任务是开发需求，使顾客的欲望转化为现实行动。

（4）衰退性需求是指顾客的需求潮流过去，进入衰退期。营销任务是再创需求，即采取一定的营销措施，使顾客需求再次转入一个新的高潮。这种再创需求的营销行为称为再营销。

（5）不规则需求是指产品在市场上的需求不稳定，销售量时大时小，波动较大。营销任务是使供求同步，即采取同步营销来平衡需求。高尔夫球运动淡季需求衰落，旺季需求过剩，可采取多种措施平衡淡旺两季的需求差异，使需求与供给同步发展。

（6）饱和需求状态是高尔夫球俱乐部设施和人员得到充分利用，供求关系适当，经营最佳状态出现。营销任务是俱乐部尽量保护、维持这种经营状态，采取维持策略，维持适当的价格，选择适当的推销手段和渠道，排除干扰因素，不让竞争者加入，保证最大收益。

（7）超饱和需求也就是需求过热，超过了高尔夫球俱乐部的供给能力。此时，高尔夫球俱乐部设备紧张、服务人员疲惫、服务质量下降，处于

"破坏性经营"状态，顾客需求得不到满足，往往造成未来需求遭到破坏，收益随之下降的后果。此时的营销任务是降低需求，采取低营销策略，如减少广告宣传、转嫁客人、适当提价、减少客源渠道等，为需求降温，使供需关系协调。

（8）不健康需求是指对社会有不良影响、有害的需求。对此，应采取破坏不良需求的反营销策略，反对不良需求的蔓延，遏制不良行为的滋长。

二、高尔夫球市场营销的功能

（一）传递信息

营销的主要任务是通过信息传递，一方面使消费者了解高尔夫球俱乐部产品包括服务的有关信息，另一方面及时了解消费者对高尔夫球俱乐部产品的看法和意见，以迅速解决经营中的问题。

（二）刺激需求

高尔夫球俱乐部通过营销活动，使消费者加深对俱乐部及相关产品知识的了解，引起消费者的需求兴趣。通过宣告和引导使消费者实现对高尔夫球俱乐部产品的消费行为，从而达到扩大销售的目的。

（三）突出优势

在市场竞争比较激烈的情况下，通过介绍高尔夫球俱乐部的营销特色、产品的竞争优势和特点，消费者了解到俱乐部及其产品的特色和亮点，激发消费者的消费欲望。

（四）树立形象

高尔夫球俱乐部的良好形象和声誉是一种无形资产，直接影响其产品销售。通过营销活动，在扩大销售的同时，使俱乐部及其产品在消费者心目中形成良好的形象，提高俱乐部的声誉，巩固产品的市场地位，从而为俱乐部的长远发展奠定基础。

三、高尔夫球市场营销的基本工作

高尔夫球市场营销基本工作包括分析、计划、执行、控制四个方面的内容。

分析方面的工作包括高尔夫球产品营销环境分析、消费者心理及消费行为分析、高尔夫球俱乐部产品分析、高尔夫球俱乐部服务分析、高尔夫球俱乐部产品市场分析、竞争状况分析等。

计划方面的工作包括高尔夫球产品营销总体计划和营销计划的制订、销售预测、经营趋势的评估、经营情况的总结等。

执行方面的工作包括宣传营销观念、建立营销机构、选择营销人员、开展促销活动、建立营销信息系统、开发新产品、建立营销渠道、制定合理价格等。

控制方面的工作包括收集总结营销数据、评估高尔夫球俱乐部产品营销成绩、评估人员工作成绩、总结并完善高尔夫球俱乐部产品营销策略等。

四、高尔夫球市场营销团队建设

卡林贝茨和史密斯认为营销团队是为了提高俱乐部的营销利润和实现企业营销效果目标而共同努力的集体。对俱乐部而言，一个精干的营销团队有两大作用：一是能够对市场需求作出快速反应；二是使俱乐部的营销效果最大化。

在营销团队中，每一位营销人员都要把自己当成集体中不可分割的一部分，要把团队和俱乐部利益放在第一位。营销工作比较复杂，营销人员具有不同的知识和技能，在团队中担任不同的角色，他们具有共同的目标，相互依存，相互影响，密切合作。

（一）高尔夫球市场营销团队特征

（1）对于大多数高尔夫球俱乐部来说，营销团队是创造俱乐部营销绩效的基本力量，是将具有不同的技能、经验和洞察力的人融合在一起。

（2）营销团队合作代表着价值的集合，在团队内部鼓励相互合作，认真听取他人意见并作出反应，给予他人支持，并承认他人的利益和成就。

（3）营销团队精神是由于企业中存在重大而迫切的绩效挑战而创造和激发出来的。

（4）营销团队行动的效果比单个行动的效果更好，特别是当同时需要多种技能、判断力和经验的时候，团队更表现出它无可比拟的优势。

（5）营销团队是灵活的，对瞬息万变的市场情况和需求反应敏锐。它能够根据新的信息和挑战进行调整，在机动性、准确性和效率性方面远远优于个人。

（6）高绩效的营销团队需要花大量的时间和精力去探索，从而形成一个属于团队本身的营销机制。

（二）高尔夫球市场营销团队组建模式

组建市场营销团队绝不仅仅限于设计一个营销组织，而应该使团队的全体成员都认识到团队存在的目的、意义、利益及作用。一个标准的市场营销团队组建模式包括成立阶段、讨论阶段、规范阶段和执行阶段四个阶段。

成立阶段的任务是把员工集结在一起，明确市场营销团队的目标。

讨论阶段的中心任务是让市场营销团队成员各抒己见，对团队目标和组织方式、个人利益问题以及工作项目等问题展开广泛的讨论，以明确团队的基本规章制度。此阶段会出现观点不一致的情况，说明市场营销团队成员活跃，参与感很强。

在规范阶段，各种不同的争论和问题都获得了基本一致的看法，市场营销团队成员学会了相互之间如何协调工作。团队成员都形成了适合自身任务的工作方式和习惯。各自的工作任务、时间、地点以及会议讨论等细节问题都明确了，团队成员之间的交流畅通了，并能分享各自的工作成就。

通常在执行阶段，市场营销团队已有序地凝结为一体了，并发挥最大的工作效能。不过在此阶段，团队还会经历"磨合和考验"，因此不能急于求成，要求团队做得完美，需要团队不断总结经验，提高团队效率。

组建高尔夫球俱乐部市场营销团队后应注意：

（1）定期举行团体活动，鼓励团队成员相互了解，互相关心，增进团队成员之间的友谊。

（2）让成员知道团队工作的重要性，树立良好的团队风气，培养团队凝聚力。

（3）确保营销团队成员知道团队的主体目标与发展定位，以及整体项目规划和具体工作内容之间的关系。

（4）勇于创新市场营销团队工作内容，建立新型营销模式。

（5）定期合理评估市场营销团队成员的工作难度。

（6）及时让市场营销团队成员获得有关工作业绩的信息反馈。

五、高尔夫球市场营销渠道

高尔夫球市场营销渠道是指高尔夫球产品从供应地向消费地的流转过程中，为转移产品所有权提供服务的企业或个人，包括代理商、批发商、零售商等主要的参与者，营销渠道是连接制造商和消费者的纽带。

（一）高尔夫球市场营销渠道的特征

（1）营销渠道是一个由不同企业或人员构成的整体，一端连接高尔夫球俱乐部，一端连接消费者，它所组织的是从生产者到消费者之间完整的流通过程。

（2）营销渠道中高尔夫球俱乐部向消费者或用户转移商品或劳务，是以高尔夫球产品所有权的转移为前提的。高尔夫球俱乐部产品流通的过程表现为产品价值形式的运动过程，即产品从一个所有者转移到另一个所有者，直至到达消费者手中的过程，也被称为商流。

（3）营销渠道不仅反映高尔夫球产品价值形式的变化过程，也反映伴随商流发生的高尔夫球俱乐部产品实体的空间移动过程，这一过程被称为物流。

（4）高尔夫球俱乐部的市场营销渠道相对固定化。特定的产品有特定的流通渠道，而特定的流通渠道涉及有关的企业和个人。高尔夫球俱乐部培育出一条有效的市场营销渠道不容易，需要花费大量的时间和资金，如果频繁地变化市场营销渠道，会影响高尔夫球俱乐部在一定时期内的营销组合策略和营销战略的实施。

（二）高尔夫球市场营销渠道的功能

营销渠道的主要功能是使产品从生产者转移到消费者的整个过程顺畅、高效，缩小或消除产品供应与消费需求之间在时间、地点、产品品种和数量上存在的差异。企业在营销活动中使商品或服务顺利地销售到最终用户手中，同时发挥其他一系列的辅助功能。高尔夫球市场营销渠道的功能主要体现在以下 8 个方面：

1. 销售功能

高尔夫球俱乐部通过营销渠道实现高尔夫球产品的销售，达到俱乐部的经营目标，获取利润，这是营销渠道最直接、最基本，也是最有效的功能。把能够满足顾客需要的产品和服务通过富有创造力的方式，以顾客乐于接受的形式传递给顾客，满足顾客需求，实现产品价值，达到市场占有率目标和营利的目的。

2. 沟通功能

渠道具有上下沟通高尔夫球产品信息，建立营销渠道成员之间客户情感关系的功能。高尔夫球市场营销渠道是以产品流通为载体的，是企业与供应商、中间分销机构及终端消费者相互沟通的桥梁或纽带。通过营销渠道开展的促销活动，实质就是与客户之间的沟通。

3. 洽谈功能

生产者或经营者通过洽谈寻找潜在的购买者，并与他们接触，以实现交易。营销渠道成员之间是交易关系，交易对象的寻找、交易条件的形成、营销渠道成员之间的权利和义务关系等都需要通过谈判完成。在具体工作中，洽谈表现为争取订单、形成订单和接受订单等一系列活动。

4. 服务功能

营销渠道还承担着为下游营销渠道成员提供服务的功能。从延伸产品的角度来说，服务是构成产品价值的一个重要组成部分。随着产品同质化，现代企业间的竞争聚焦于服务。企业通过营销渠道实现的服务主要指为最终用户所提供的服务，包括送货、安装、维修、信息、培训等。

5. 信息功能

营销渠道成员通过市场调研收集和整理有关消费者、竞争者及其他与市场营销环境有关的信息，并通过各种途径将信息传递给营销渠道内的其他成员。营销渠道通过双向的信息反馈，为高尔夫球俱乐部营销决策提供依据。

6. 物流功能

物流主要是指高尔夫球俱乐部产品在流通环节的运输、储存及配送活动。高尔夫球俱乐部产品从制造商处出厂到最终用户消费，中间要经过实体产品的运输、储存及配送的过程。营销渠道就是产品流通的"沟渠"和"水道"，是产品流通和交易的"通道"。

7. 承担风险功能

承担风险是指在产品流通的过程中，随着产品所有权的转移，市场风险在营销渠道成员之间的转换和分担。因为营销渠道是一个"分销链"，由多个营销渠道成员或环节构成，每个营销渠道成员履行各自的分销责任，获得各自的分销利益，承担各自的分销风险。

8. 融资功能

渠道也是一个融资的通道。不论制造产品，还是销售产品，都需要投入资金，以完成产品所有权转移和实体流转的任务。营销渠道成员为执行营销渠道功能需要进行独立的投资。产品通过营销渠道的销售在实现产品价值的同时实现资金的流通。营销渠道组织的独立融资，使生产商能够很快地收回资金，有利于提高资金使用效率。

六、高尔夫球市场营销策略

高尔夫球市场营销有不同的策略。从营销活动的运作方向来看，有推动策略和拉引策略；从营销特点来观察，有主题营销策略；从营销方位分析，又有营销组合策略。无论制定何种形式的策略，都要依据对市场竞争、球会性质、产品特点、营销目标等因素来综合分析和确定。

（一）推动策略

推动策略指以人员营销方式为主进行营销的策略。由于人员营销具有直接面对消费者的特点，营销人员可以通过介绍将高尔夫球俱乐部产品的特点、性质和相关情况直接展示在消费者面前，其目的是说服消费者，使他们接受并购买，具有直接推销的性质。

（二）拉引策略

拉引策略指通过非人员营销方式如广告活动，把消费者吸引到高尔夫球俱乐部营销产品上来。拉引策略的目的在于通过广告的宣传，引发消费者的购买欲望和动机，从而激发消费行为的实现。拉引策略具有诱引消费的性质。

（三）主题营销策略

随着高尔夫球运动的发展，高尔夫球俱乐部的产品越来越丰富，出现了多种形式的消费活动。高尔夫球俱乐部通过策划构思，设计出形式特别、主题鲜明的高尔夫主题产品，再通过包装展现在消费者面前，如旅游高尔夫、会议高尔夫、高尔夫夏令营等。主题营销强调用鲜明的主题来打动消费者，促使消费者产生消费动机。主题营销策略是高尔夫球市场营销探索出的一条新道路。

（四）营销组合策略

营销组合策略是采用全方位的营销手段，将广告、公共关系、人员推销、营业推广等方式有机结合，综合利用，试图在较短时间内达到营销目的的一种营销策略。高尔夫球市场营销组合的运用，要根据俱乐部营销策略、资金状况和综合实力来进行。

七、高尔夫球市场营销操作流程

高尔夫球市场营销是俱乐部与消费者之间的信息沟通，主要包括建立信息源、选择沟通渠道、确定营销组合、反馈管理等流程。营销组合与反馈管理在本章都有提及，此处主要介绍建立信息源、选择沟通渠道。

1. 建立信息源

信息源即高尔夫球俱乐部向消费者与潜在消费者传播的主题。信息源的建立应构思巧妙、主题清晰、内容独特、具有吸引力。建立的信息源应具有很强的吸引力。理性吸引即向消费者传达符合利益追求的详细情况，如产品特色、消费费用、服务水平及有关功效的信息。感性吸引即通过高尔夫球俱乐部的形象传递一种特殊感情，来吸引注意力。

2. 选择沟通渠道

信息沟通渠道分为人员信息沟通渠道和非人员信息沟通渠道两种。高尔夫球俱乐部要根据营销策略和方针，结合占有的各种资源条件来考虑选择何种信息沟通渠道；要依据目标市场接受信息的方式和经常性通道来决定符合营销目的的信息沟通渠道。

第三节　高尔夫球俱乐部会员管理

顾客成为会员后是否到俱乐部消费，消费频率如何？俱乐部作为一种相对封闭的消费场所，会员的黏性对俱乐部的日常经营影响很大。会员的黏性不好表现为转让会籍、不去俱乐部消费等。会员是俱乐部消费群体，这就需要俱乐部与会员保持经常性的双向沟通。"以客户为中心"的服务理念要深入俱乐部的各项制度中，通过服务保证会员终身价值的实现。会员服务的目的是将俱乐部的会员作为重要资源，通过完善客户服务和深入分析客户来不断满足客户的需求。

一、高尔夫球俱乐部会员服务

（一）高尔夫球俱乐部会员服务的作用

1. 提高会员的消费频率

会员服务的直接目的是提高会员的黏性，具体表现为会员在固定时间到俱乐部打球的次数增多。会员制的球场原则上不对外开放，会员打球次数越多，球场的日常营业额就越高，也就直接提高了俱乐部的日常经营效益。

会员的消费频率 = 会员重复消费的次数 / 时间单位

时间单位一般使用"周"或"月"来计算。

顾客是俱乐部的宝贵资源，服务影响俱乐部吸引顾客的能力，影响会员的参与程度。在会员服务中，要尽量使会员多下场打球，使打球成为一种习惯。当俱乐部会员发展到一定数量后，必须在保证其他利益相关者能接受的条件下，尽量提供高水准服务，把注意力转向培养现有会员提高下场打球的频率。

2. 提高会员的人均消费额

会员的打球消费基本是固定的，但用餐、购物等消费是不固定的。所以，应了解客人的需求、爱好，提供针对性的服务，以增加会员的相关消费。

人均消费额 = 会员消费总额 / 消费人次

3. 提高会员带嘉宾的人数

美国消费者协会的一项研究表明，一个高度满意的顾客平均会向 5 个人推荐产品。这在市场拓展方面产生了乘数效应。所以，分析并了解会员平均带嘉宾的人数，一方面，可以将这些潜在的客户发展成为会员；另一方面，可以掌握最佳会员与嘉宾的比例，在促进日常消费的同时，维护会员的利益。

会员带嘉宾的人数 = 嘉宾总数 / 会员总数

4. 会员把俱乐部当成"家"

通过会员服务，会员把俱乐部当成自己的家，一方面，他们会积极维护俱乐部的利益，对任何损害俱乐部产品和形象的人或事都会主动并坚决给予制止；另一方面，他们会向朋友推荐、分享俱乐部的产品。

5. 降低俱乐部的营销成本

大量研究表明，发展一个新顾客所需要的费用是维护一个老顾客的 5 倍。会员的重复消费可以使俱乐部设施得到最大限度的利用，同时也节省了大量的宣传推广费用，从而降低了营销成本。

6. 有利于将潜在顾客转变为现实会员

将潜在顾客发展成俱乐部的会员是现代俱乐部发展的重要动力。潜在顾客分为两类：一类是具有购买意向又尚未加入任何其他俱乐部的顾客，没有形成对其他品牌的认同或非其他俱乐部的潜在顾客；另一类是已属于其他俱乐部会员的潜在顾客。

（二）高尔夫球俱乐部服务质量管理

芬兰学者格朗鲁斯指出，目前的市场处于服务竞争阶段，这促使企业经营战略转向以服务为主导，并明确指出服务管理就是将顾客感知服务质量作为企业经营管理的第一驱动力。所以，服务管理的核心是服务质量。有形的球场和会所设施是提供服务的载体。顾客对服务质量的认识取决于他们的预期同实际感受到的服务水平的对比。顾客对服务质量的预期主要是基于球场的形象、顾客的经历以及市场口碑。高尔夫球俱乐部以球场作为生存和发展的基础，服务质量就成为赢得竞争优势的关键。

拓展阅读

奥古斯塔高尔夫俱乐部

世界著名的高尔夫球俱乐部奥古斯塔高尔夫俱乐部在保持球场总体规划设计风格不变的前提下，近几年通过不断改造球场来提高球场的挑战性和观赏性。球场设计者琼斯的基本观念是尽可能多地利用球场的天然条件，而不依赖人工设置的障碍，以使比赛变得生动有趣。球场边缘美丽的花树和灌木丛与球道、果岭相映成趣。球道生机勃勃，沙坑零星可见，果岭速度十分快，整个球场看起来非常吸引人。球员可根据自己的水平选择击球路线，不仅可以享受打球的乐趣，而且可以饱览俱乐部风光。同时，奥古斯塔俱乐部一直保持最佳服务质量。世界权威的《高尔夫》杂志评定，奥古斯塔高尔夫俱乐部在美国前 100 个著名俱乐部中排名第四。在 1997 年、1998 年和 1999 年，奥古斯塔高尔夫俱乐部连续三次被评为最佳球会。目前，我国一些高尔夫球运动相关机构也对国内高尔夫球场进行排名，在一定程度上会对球员选择球场产生影响，这也会促进球场质量的提高。

　　会员对服务质量的评价往往通过在服务过程中员工的表现及其与顾客的互动关系来进行。俱乐部与会员的关系不同于一般企业与顾客的关系。会员与俱乐部的关系发生了根本性的转变，会员已经参与到俱乐部的经营管理过程中，价格问题已退居次要位置。一方面，会员要得到个性化的服务，需要积极与俱乐部合作，描述他们的需求，参与整个服务过程。另一方面，俱乐部必须把会员的需要纳入日常的经营管理中来，使产品和服务真正做到有针对性。俱乐部可以根据会员的特殊要求，针对性地向会员提供球、衣服、球童、餐饮等。

1. 服务质量的特点

　　尽管服务是无形的，但通过员工服务过程的行为和服务细节等可以让顾客把握服务的实质。也就是说，服务过程中，员工的服务质量具有可见性特点，而且直接影响到顾客对服务质量的评价。具体体现在：

　　（1）俱乐部要兑现服务承诺。诚实、值得信赖的员工是提供可靠、准确的服务的基础。

　　（2）具备专业知识和职业素养的员工，拥有让顾客产生信任和信心的能力。如果员工缺乏高尔夫球运动专业知识和职业素养，其服务质量必然受影响。

　　（3）在高尔夫球俱乐部，有形设施设备具有可见性，员工的仪表、员工的服务行为和服务结果是顾客能具体感受的。

　　（4）员工要保持友好的态度以及对顾客的关怀和关注。例如，员工要记住会员的姓名、职务及从事的行业；见到会员要称呼会员的职务头衔；关心顾客，记住会员上次来打球的时间，对较长时间没来打球的会员，热心询问原因；记住会员一杆进洞和其他获奖事件；了解会员的特殊喜好和禁忌；记住会员感兴趣的话题；了解会员的家人和嘉宾朋友，并时常问候和关心；对会员好的成绩给予鼓励。

　　（5）对待顾客的要求，员工的反应要及时，服务传递的速度要快，提供的服务要周到，如球童要为会员打球提供方便、有效、迅速的服务。

2. 服务标准

　　俱乐部要将自己的产品与市场上竞争对手的服务方式、方法等进行对比，在比较和检验的过程中逐步完善自身，从而提高服务水平。

　　高尔夫球俱乐部有形产品和俱乐部服务必须达到一定的水准和要求。这些标准包括产品质量和服务的品质保证。例如，为会员及时预订打球的时间，确保服务的速度和准确度等。设定这些标准的目的是既要使员工服务操作有依据，又可以成为检查评估的衡量尺度。任何一个服务环节都要有定量标准，即使是定性服务规范也要求能有定量指标，并规定相应的验收和检查标准。

制定服务标准就是将整个服务过程分解成若干个作业步骤，进而描述每一个步骤的作业方法和要求，以减少员工在服务过程中的差错，并使服务质量达到一致性。制定各环节的服务标准和细则，并对易接近性、安全、卫生及舒适性、私密性等问题都做出详细的规定。

拓展阅读：
接听电话的
服务标准

二、高尔夫球俱乐部会员管理内容

（一）会员信息管理

顾客购买了俱乐部的会籍并成为俱乐部的会员，说明他们接受俱乐部产品，也证明俱乐部前期的服务工作是令会员满意的。但后期服务工作必须有所保障，否则就会使会员产生被欺骗或被伤害的感觉。这对整个俱乐部的形象将产生不利的影响。为了让顾客满意俱乐部的服务，俱乐部必须以热忱的态度对待每一位顾客，尊重并尽可能满足顾客的需求。会员部是俱乐部专门为会员服务而设立的部门，其通过提供快速、周到、优质的服务来吸引并保持更多的顾客，促进俱乐部的销售业绩与市场地位的提高。

1. 会员资料管理

（1）建立客户资料档案

会员服务管理首先要建立客户档案资料，即将会员的各项资料加以科学的记录、保存，并分析、整理、应用，借此巩固与会员关系，从而提升俱乐部的销售业绩。随着现代信息技术的发展，会员档案的管理越来越完善，档案管理的内容越来越丰富、精细。客户资料档案的基本内容应包括个人资料、客户特征、客户类型和交易现状四个方面。

① 个人资料包括客户的姓名、电话、地址、性格、爱好、学历、年龄等。如果是团体客户，个人资料应包括法定代表人等。

② 客户特征包括客户的职业和社会地位。

③ 客户类型一般以会籍类型来表示，如个人会员、团体会员；也可以按消费级别区分为重点客户和一般客户。

④ 交易现状主要指客户的消费状况，如交易的频率、带嘉宾数量、消

费量、信用状况等。会员在俱乐部的消费活动都有记录，包括来访日期、消费情况或使用的服务等。必须给每一位会员编制一个独有的会员号码。

客户资料的收集要保持有效性。所以，要及时调整客户信息的变化，更新资料，补充新信息，使会员管理保持动态性。俱乐部应定期分析、整理会员的资料，建立科学完善的会员信息数据库。

（2）客户资料的应用

在会员服务过程中，要会正确地运用客户资料，充分发挥资料的价值和作用。

① 发现有价值的顾客。建立客户资料档案后，俱乐部要通过选择和分析会员的消费数据，了解会员的消费习惯，了解会员的交易情况、消费心理，便于进行有针对性的沟通，提供符合个性化需求的高品质的服务。通过档案资料，统计、分析顾客的历史消费数据，找出有价值的顾客。

俱乐部可以根据过去一年会员消费统计的数据，找出消费最多的前20名会员，对会员建立消费"积分奖励制度"，消费金额与积分呈正比例关系，按照客户的积分给予奖励；还要找出具有相似性的会员，找出其个人偏好，有针对性地开展营销活动。个性化服务可以使客户与俱乐部之间建立更加密切的合作关系。

建立客户资料档案是完善会员服务的一种手段。客户资料档案的相关数据资料，为个性化服务提供了有效的数据支撑。根据信息，按照帕累托法则，即为20%的顾客投入80%的精力。对产品和服务进行定制化，按客户的需要提供产品和服务，进而安排相关的产品和服务。对于有潜力的会员，要有组织、有计划、有落实、有检查地进行服务定位，如制订省时间、高效率的具体活动计划，达到促进会员循环消费的目的。

② 提供个性化服务。随着俱乐部的发展，同档次俱乐部不断增多，使得会员在俱乐部之间转换的成本变得相对较低。一些顾客虽然成为一家俱乐部的会员，但对其他俱乐部的产品更为满意，可能会到其他俱乐部去消费。因此，会员的消费选择有很大的随机性。当俱乐部的服务跟不上，顾客提出的意见没有予以重视或没有及时反馈，会员会渐渐对俱乐部失去信任，一些黏性较高的顾客就会慢慢流失。

会员到场打球是购买会籍最基本的消费诉求。俱乐部必须努力为会员营造高效、便捷、舒适、愉悦的打球环境，及时收集会员的反馈信息并根据会员意见改进服务，及时处理会员投诉。

根据会员资料信息，可以建立战略双赢关系。例如，可以按其所在的行业将其企业产业链的会员组织成一个球友会，让他们在打球或具体的交流活动中更加体现出俱乐部的社交价值，同时也创造了影响行业内其他非会员企业家加入俱乐部的良好机会。从会员的利益出发，如考虑子女教育的需求、企业技术创新的需求、企业管理创新的需求等，利用好俱乐部这个平台，形成商务增值圈，更好地服务会员，让会员感觉到会籍在工作、生活中的价值。

2. 会籍管理

会籍管理是构成俱乐部管理有机整体的重要内容，是"以客户为中心"来构架服务机制，完善对客户需求的快速反应的组织形式。只有会籍管理规范化，会员的合法权益才能得到维护。会籍是一种资产，有序、严谨的会籍管理，能促进会籍保值、增值。有效维护会员的利益，还可以防止会员流失。会籍管理的基本内容包括规范入会、转会、退会程序和要求。

（1）会籍转让管理

① 会籍的转让有年限规定，这是为了使俱乐部拥有一个相对稳定的会员群体，一般俱乐部规定购买会籍满两年后方可转让。

② 明确转让的基本程序和权利义务。要求由原转让会员和新受让会员共同提出书面申请，经俱乐部理事会审核同意后方可办理转让手续。任何人在转让出所拥有的个人会籍后，将不再享受本俱乐部会员的所有权益。要收回原会员的会员卡、会员资格证书，同时为新会员制作新的会员卡和会员资格证书。

③ 会籍转让费管理。首先，明确会员转让的盈亏责任归原会员，会员转让时，新会员向原会员支付转让费；其次，明确会籍转让手续费的缴纳标准，大多数俱乐部规定手续费总转让费用的 10%。

（2）公司会员内部转换提名人

公司会员内部转名不是指会籍所有权的转让，而是指公司内部提名人的转变。公司会籍每 12 个月可申请转换提名人一次，申请人需提交转换提名人申请书。公司会员转名除需要会员提供有关文件及签名以外，还必须加盖公司的印章，此印章须与入会申请表中的印章一致。经俱乐部批准后，方可办理转名手续，同时收取每位提名人的转换提名人费。

（3）会员除名或停籍管理

① 对个别违反俱乐部规定的会员，或不符合俱乐部要求资格的会员，俱乐部应根据有关章程给予除名或停籍管理。这对维护俱乐部形象、保证俱乐部正常营运非常重要。

② 对于一些有损俱乐部名誉，或破坏俱乐部秩序，或违反俱乐部规定，或触犯国家法律的会员，俱乐部有权根据俱乐部章程给予除名。

③ 对延迟缴纳年费或其他费用的会员，经书面警告三个月仍不履行，给予停籍，待全部费用缴齐后再给予恢复。

④ 对发生被理事会确认须处分行为的会员，视其情节轻重给予停籍或除名。

⑤ 对除名的会员收回会员卡，保证金、入会费等不予退还，该会员资格由新招募会员补充。

（4）会籍的继承管理

① 个人会员在死亡，或丧失行为能力，或永久性离境等情况下，其会员资格可由一名法定继承人继承，须办理更名手续，缴纳相应的手续费。

② 法人会员在该法人破产、企事业解散或遇到重大诉讼案时，其会员资格可由法人的债权人继承，须办理更名手续，缴纳相应的手续费。

（二）会员违纪管理

俱乐部通过管理规范会员使用球场的行为，是对会员、员工以及俱乐部自身权益的维护。在会员纪律的管理中，对会员的惩处是工作难点。在俱乐部中，会员与俱乐部关系的特殊性给会员纪律管理造成了困难。

会员章程是俱乐部的制度基础，是会员管理的依据。会员章程是俱乐部会员行为基本规则的书面文件，是对会员行为有约束力的俱乐部管理规则。会员章程是大多数俱乐部用来规定俱乐部性质、会籍事宜，使用俱乐部设施事宜以及其他一切为使俱乐部能有效管理运作而作出的通用性规定。会员章程的起草工作可以发动会员参与，由会员提出自己的权利要求，并与俱乐部谈判协商达成共识。每位新入会会员应在会员章程上签字或者在合同中注明认可会员章程，以表示会员对会员章程的了解、认可和遵守。当前，我国高尔夫球俱乐部中多数会员章程由俱乐部制定，会员没有参与其中，只是在购买会籍时了解会员章程。会员章程有以下法律特征：① 会员章程由俱乐部单方制定和修改。② 会员章程制定的目的在于规范俱乐部的管理。③ 会员章程是公示性的。④ 会员章程具有相当的稳定性。⑤ 会员章程赋予会员权利的同时也规定了会员的义务。⑥ 会员章程具有约束俱乐部和会员的双重功能。

会员章程必须列出所有违纪行为，应详细说明各种违纪行为的表现、违纪判定方式、违纪判定权利以及违纪惩处方式。重大违纪内容最好在会籍销售合同中说明，主要违纪处罚也应在合同中有所体现。当会员出现违纪行为时，会员章程就是俱乐部执行判定的书面依据，是确保俱乐部管理的依据和权力的来源。

（三）会员消费管理

会员消费是俱乐部正常运营收入的主要来源。俱乐部中的会员消费以预购买的模式为主。在这一模式下，会员消费管理中账目透明化、及时更新账目非常重要。

1. 余额不足提醒

通过会员信息管理软件设置会员余额警戒线，结合会员每次平均消费数额，在会员余额不足消费三次时，通过短信或邮件等方式提醒会员余额已不多，须及时预付相应费用；也可以在会员前往俱乐部消费时，由前台结算人员提醒会员账户余额不足，并询问是否需要存款。

2. 月结或季结确认

每个月或每个季度的账单均需要与会员确认。每个俱乐部依据自身需要，采用每月或每季度结算的方式，与会员进行特定时间段内的消费结算，向会员报告其在特定时间内的具体消费项目、消费额、消费时间。与会员进行消费确认，需要会员签名确认以后记录到俱乐部数据库中，并保留账单确认签名文件，以备未来的检查和校对。

3. 多账单消费管理

俱乐部的每一个服务单位账单均需要采用一式三份制，即由服务单位、前台、会员分别保存，以作为结算依据，并作为消费通知由三方分别独立保存。在其中一方出现问题时可以通过另外两方进行核对查验。会员在前台结算时，服务人员需要将会员当次消费的所有项目和数额进行汇总，并提供给顾客汇总的消费单据。

4. 会员嘉宾消费管理

会员携带嘉宾前往俱乐部消费时，需要询问是否将费用与会员消费一同结算，若嘉宾费用一同结算，则可以直接进入会员消费账目；若分开支付，则需要为嘉宾单独结算，并录入到会员嘉宾消费信息中。

5. 滞纳金管理

会员产生逾期未结清账款时，需要在产生时就提醒会员欠款的存在，并告知滞纳金的收取方式。在账单免滞纳金的限期即将到达时，俱乐部同样需要通过短信或邮件等方式提醒会员滞纳金即将产生，提醒其在限期之前结清欠款。在开始计算滞纳金时，通知会员，滞纳金已产生，迄今产生了多少，计算方式是什么，并提醒其及时还款。

6. 会员签名识别

会员签单消费在俱乐部中很常见，因此对前台工作人员进行培训时，有必要对会员签名识别进行相应的指导，以识别有人冒用会员签名消费，损害会员和俱乐部的权益。

三、高尔夫球俱乐部会员投诉

（一）会员投诉产生的原因

（1）俱乐部和会所产品质量问题。产品质量达不到客人的要求，会所设施、餐饮质量，特别是球场质量，如果岭的状态，草太高，打球速度太慢，容易使顾客产生不满情绪。

（2）球童及其他员工的服务态度与服务水平问题。球童和员工的经验不足，服务态度不佳，会严重影响会员技术水平发挥和打球的心情。

（3）会员对俱乐部的经营方式及策略不认同。例如，俱乐部无限制发行平日会籍，造成球场订场难，或因销售会籍，而忽视后期会员服务。

（4）会员对俱乐部服务的期望超过俱乐部的预期。

（5）会员在球场打球期间遇到安全事故或财物损失等问题。

（6）会员提出的要求得不到满足，而有些问题是俱乐部未向会员解释清楚享受该项利益的适用条件等原因造成的。

（二）处理会员投诉的技巧

1. 态度诚恳，认真倾听

善待提出投诉的会员，因为他们在意俱乐部提供的服务，并且希望俱乐部能把服务做得更好。出现会员投诉，首先要考虑会员的感受和心情，告诉会员你的姓名，使会员确信你能够解决问题。

只有认真听取会员的投诉，才能发现问题产生的实质性原因。会员投诉有时属于情绪发泄。客户情绪不稳定，一旦发生争论，事情只会适得其反。所以，开始时要耐心倾听会员的投诉，避免与其发生争辩。尽量让会员把话说完，不要打断会员说话，使用有效的聆听技巧获得对问题的整体认知，真诚地对待会员的投诉。会员通过倾诉可能会慢慢平复情绪。

2. 使用恰当的身体语言

使用富有共情的语调，在态度和语气上不能粗鲁，可以使用恰当的身体语言表达自己的情感。有时候，身体语言比口头语言表达的信息更多、更准确。要耐心接待，让会员慢慢平静下来。

3. 对存在的问题表达歉意，及时了解会员遇到的问题

漠视会员的投诉是处理会员投诉的大忌。工作人员必须站在会员的立场考虑问题，诚心诚意表示理解，先表示道歉以缓和会员的情绪。同时，加强沟通，及时了解会员遇到的问题及其程度，以及对会员造成的影响或损失。

4. 积极地解决问题

对会员提出的投诉，应采取积极的态度来处理，及时进行补救。当问题比较复杂或特殊时，不确信如何解决，不要向会员作出任何承诺，而是诚实地告诉会员情况，并尽力帮助会员寻找解决的方法。如果需要一些时间，与会员约定回话时间，一定要准时给会员回话。即使仍不能帮助会员解决问题，也要准时向会员说明进展情况，表明自己所做的努力，并再次约定给会员答复的时间。

5. 迅速采取行动

对于会员的投诉应该及时正确的处理。拖延时间只会使会员的不满情绪变得越来越强烈，会员会感到自己没有受到足够的重视。可通过核对细节和记录来弄清问题，以便能对投诉进行全面处理。例如，会员投诉球童服务不好，就应该立即了解真实情况，如果发现确实存在问题，要严肃处理，并尽快告诉会员处理的结果。

积极关注会员投诉的具体内容，有助于俱乐部了解自身的不足以及会员的需求变化，从而进一步改善产品质量、提高服务品质，以保持俱乐部对会员的吸引力，有利于提高俱乐部的竞争力。

（三）会员投诉管理

1. 查明原因，追究责任

为了改善服务，俱乐部要避免日后发生类似的问题。所以俱乐部必须调查问题发生的原因，全面了解和认定当事人和主管人员的责任，从责任的归属角度来考虑，并根据俱乐部有关规定给予处理，追究责任。针对会员投诉的管理，要建立监视、奖罚机制，避免在服务过程中犯同样的错误。

2. 投诉归档

建立处理会员投诉档案，应分门别类、科学管理、方便查询。档案内容要完整，包括投诉问题、接待人员、处理方法、处理结果等。对典型案例要定期或不定期汇报给总经理，对于有教育意义的应通报全体员工。

拓展阅读:
俱乐部理事
会

（四）会员投诉处理流程

1. 向会员致谢

会员的投诉能够帮助高尔夫球俱乐部提高服务质量，不论是投诉买了不满意的货品，还是投诉俱乐部服务不到位，首先应感谢会员带来改进的机会。

2. 聆听问题

（1）在大多数情况下，会员的不满或许没有被消除在萌芽阶段，当不满积累过多时，就酿成了严重的纠纷等问题。

（2）针对会员的抱怨和纠纷等问题进行分析。

（3）让会员充分说明问题，站在会员的角度来倾听，不要打断会员的倾诉。要充分了解会员的投诉内容，不要贸然作出承诺或说明。

3. 真诚道歉

（1）当会员来投诉时，应毫不迟疑地向会员致歉。

（2）对于会员的不满，要诚恳地表示歉意。

（3）认同可以让会员心情平复下来，把双方的关系调整回正面的方向，这是重建会员信心所必需的。

（4）在处理会员投诉时，必须和接待会员时一样热情。

4. 询问详细情况

（1）聆听完会员的投诉之后，如果觉得未能得到所有有关会员问题的重要详情，就要多搜集一些资料。

（2）清楚地了解发生了什么事，什么时候发生的，发生在谁身上，引导会员多阐述缘由。

5. 寻找解决办法

（1）寻找解决会员投诉的办法，先评估问题的严重程度。

（2）解决问题时，要了解会员除了经济补偿，是否还有其他要求。

（3）对于没有额外要求的会员，可以思考有没有可供解决的方法，自己有没有权力去执行最佳的解决方案，是否需要得到上一级的批准，等等。

6. 妥善解决问题

（1）寻找到解决的办法之后，就要解决会员的问题。

（2）应按照双方约定的条件解决会员的问题，对于当场解决了的投诉还需要进一步跟进。

（3）如果给会员造成了很大的困扰和不便，可以在事后给会员寄一张便笺或者打个电话，确认会员是否认为问题已经解决。

思考与实训

1. 简述高尔夫球俱乐部产品的概念及类型。

2. 如何正确定位高尔夫球俱乐部产品？

3. 阐述高尔夫球市场营销的策略。

4. 简述高尔夫球市场营销的主要流程。

5. 说一说高尔夫球市场营销团队的特征和组建技巧。

6. 简述高尔夫球俱乐部会员服务质量管理。

7. 高尔夫球俱乐部处理会员投诉有哪些技巧？

第三章

高尔夫球练习场与专卖店运营管理

本章导言

随着社会经济的发展，人们对高尔夫球运动的兴趣不断提高。高尔夫球场一般坐落在郊区，打一次球至少要花费半天时间，场地费用也比较昂贵。而高尔夫球练习场占地面积小，可以建在城市中，交通便捷，且花费较少。在高尔夫球练习场打好技术基础后再去球场打球也是很多球员的必经之路。本章将着重介绍高尔夫球练习场的经营模式、管理内容以及高尔夫球专卖店的运营管理内容。

学习目标

1. 了解高尔夫球练习场的经营模式。
2. 掌握高尔夫球练习场的接待流程。
3. 掌握高尔夫球专卖店的销售技巧。
4. 培养团队协作的集体主义精神，提高高尔夫球俱乐部运营和团队管理的能力。

第一节　高尔夫球练习场经营模式

经营模式是指企业在经营活动中所采取的方式和方法。目前，高尔夫球练习场的经营模式可以分为独立经营、承包经营和混合式经营（图 3-1）。

图 3-1　高尔夫练习场

一、独立经营

独立经营又叫自主经营，是指现代商业企业按照现代市场经济的经济主体自主化要求，在国家宏观调控指导下，根据市场需要，自主对中长期经营战略、商品定价、参加竞争等作出决策，并组织实施的经营权。这是现代企业作为独立的市场主体所必须具备的主要自主权。

现代企业制度下的企业经营是对自由人性在工商企业活动中最充分最形象的诠释，因为在企业的自由独立经营中，自由人性得以充分凸显。但根据自由与必然的辩证法，自由人性显然又受法律与道德规范等必然性制约。因此，在企业活动中，形成自觉的规范意识恰恰是企业自由自主经营得以实现的重要保障和前提条件。

独立经营的高尔夫球练习场一般由一位或几位大股东联合经营。大股东拥有所有产权及经营权，制定销售目标，自负盈亏。独立经营的优点是大股东在经营、财务、人事等方面拥有较大的自主权，可以直接作出决策，决定俱乐部的发展方向。但与此同时，大股东也承担着较大的风险。

二、承包经营

承包经营是指企业与承包者之间订立承包经营合同，将企业的"经营管理权"全部或部分在一定期限内交给承包者，由承包者对企业进行经营管理，并承担经营风险及获取企业收益的行为。

承包经营管理只是解决部分企业因经营管理不善而导致亏损的一种补充措施。承包者只能对所承包企业的税后利润实行承包，不允许企业投资各方仅就管理或利润签订承包合同。

由于承包只是企业经营管理的一种补充措施，不能消灭、变更原有企业或创设新的企业，也不能改变合资企业的法人地位、名称和经营范围。承包者与被承包的企业之间是一种合同关系。因此，承包经营可采取公开招标方式，也可根据董事会决议由合资企业直接与承包者（合资一方或第三方）签订承包经营协议。

高尔夫球练习场的承包经营类似连锁经营方式。承包经营的优点在于前期投资少于独立经营模式，且已有成功的案例可循。因此，承包经营可以用较少的投入获得较多的收入。但承包已有的高尔夫球练习场，有可能出现接盘不良或亏损的问题。所以，在确定投入之前一定要做好充足的调研工作。

三、混合式经营

混合式经营，顾名思义是同时存在不同的经营方式。在某一区块可能采用独立经营的方式，但在另一区块可能采用承包经营。

案例：合作方案

例如，大股东只想对高尔夫球练习场采用独立经营的方式，把高尔夫球专卖店承包给别人；或者只独立经营高尔夫球专卖店，把高尔夫球练习场承包出去。混合式经营还包括出租场地，签订合作合同。

这三种经营模式各有优缺点，在实际选用经营模式的时候，需要根据资金、人脉、管理能力等方面作出最优选择。

第二节　高尔夫球练习场管理

一、高尔夫球练习场接待流程

1. 上岗前的准备工作

（1）了解身体情况。要在身心健康的情况下工作，否则将影响自己的身体健康和打球者的情绪。

（2）调整心态。保持充足的精力，做好思想准备，不将不良情绪带到工作中。

（3）检查仪容仪表。检查工牌、帽子等是否佩戴整齐，衣服、鞋是否干净整齐，以良好的形象去迎接每一位客人。

（4）检查下场用品。检查机器是否能正常运行，检查消费单、记单夹、笔、毛巾等物品。

2. 接待流程

（1）客人到达练习场，服务员指引客人到服务台。

（2）询问客人是否有消费卡，如果没有，则请客人到前台开卡或由服务员代客人到前台开卡。

（3）引导客人选择打位和打球的筐数。

（4）练习场服务员拿客人消费卡进行开单操作。开单视球场情况而定，对于练习场离会所近、有网络和电脑的俱乐部，可以采取电脑直接开单操作；对于练习场离会所较远、没有网络和电脑的俱乐部，可以采用 POS 机的方式将消费记录写到消费卡中，结账时再到总台读卡开单。

（5）引导客人到练习场打球。

（6）当电脑开单的客人要求加打时，服务员可以在电脑里找到客人的原始账单，然后进行加打操作，最后把客人账单记到消费卡上。

（7）当 POS 机开单的客人要求加打时，在 POS 机上开一张新账单，然后拿客人的消费卡进行写卡操作。

（8）客人打球完毕，拿消费卡到前台收银结账。客人离场。

二、教练组管理

教练服务不仅可以丰富练习场的经营内容，而且能增强俱乐部会员的满意度。高尔夫球教练可以分为职业球员教练和专业教练。通常练习场教练大体有三类：一是驻场教练，薪资方式为基本工资＋教学提成；二是签约教练，薪资方式为无基本工资＋教学提成；三是自由教练，薪资方式为租赁场地，自负盈亏。

教练服务的目的是帮助学员规范挥杆动作，提升击球技巧，增添打球乐趣。所以，教练要具有一定的理论知识、专业技能和职业素养。教练要以积极的心态言传身教，用心服务每一位客人，善于与客人沟通，准确了解客人的需求并提供有效帮助。

教练服务在练习场管理中具有重要作用，每位教练必须遵守制定的教学流程与教学要求。教练的工作流程及要求如下：

1. 招收学员

（1）教学助理根据学员意向或要求，为其推荐相应的教学课程。教练直接招收的学员可直接填写课程报名表。

（2）教学助理根据学员的要求，为其推荐教练，并安排教练与学员进行当面沟通，进一步尝试教学体验。

（3）学员达成教学意向，购买教学课程，填写课程报名表后，到前台缴费。

（4）教学助理或教练为已缴费的学员建立学员档案并为其讲解教学授课预约流程，使学员清楚了解预约程序。

2. 约课流程

（1）学员上课需提前与教学助理或教练预约课程，确定好课程时间，教学助理或教练做好预约表。电话预约的学员，可通过拨打前台电话或教练电话进行预约，预约表的填写由接电话者进行登记，并交给练习场前台进行备注。

（2）教学助理或教练到前台提取学员授课档案后直接引导学员进入专业授课区授课。授课完毕后做好课程登记表，并将填写好的教学记录交给前台备案。

3. 教练授课要求

（1）要重视教学环节，发挥教练的指导作用，使学员获得高尔夫球运动技能。教练要对学员严格要求、加强训练；培养学员严谨的科学态度和踏实的学习作风，培养学员理论联系实际的能力，培养学员具备解决高尔夫球运动中可能遇到问题的能力；注意学员的创新思维与应用能力的培养。

（2）按照教学要求授课，明确授课目的、要求与内容，检查授课所需设备及器材的准备情况。

（3）认真准备教学，做到条理清楚，概念准确，重点突出，对重点、难点讲深讲透；要理论联系实际，亲自示范，采取学员容易接受的方式进行授课。

（4）对学员进行安全教育，必要时采取相应的防护措施，保证学员人身及财产安全。

（5）教练必须按时上下课，不擅自增减课时，不擅自停调课。

4. 考核

（1）练习场领班负责对教练的教学工作进行考核。主要考核内容为各教练履行职责的程度以及教学态度、教学能力、教学方法、业务水平、教学效果等。坚持平时考核与定期考核相结合，考核结果每年登记一次。考核应客观、公正。

（2）对表现不好、工作不负责任或违反要求和规定的教练，俱乐部将根据情节轻重和本人的态度给予批评教育或必要的处罚。

教练须遵循以上工作流程和要求，主要是为了规范服务流程，确保教学过程中为客人提供周到的服务。

三、高尔夫球课程教学设计

在高尔夫球练习场进行教学时，教练必须先了解学员的学习需求、身体条件和预期目标，依据学员的具体情况制定课程教学方案。一般可参照以下几个要点来进行教学设计：

1. 学生基础测试

先要测试学员的身体条件或动作特点，并记录下来，后期可以在此基础上量身定制教学方案。

2. 制定教学目标

为了教练工作更有效，制定明确的教学目标是非常重要的。教学目标可以分为短期目标和长期目标。可以在每个阶段设立小目标，通过完成一个个小目标，逐渐达到最终目标。

3. 制定训练方案

通常根据学员基础与教学目标来制订训练计划，确定每月（周）的训练时间。训练计划一般是动态稳定的，要依据学员学习的进度和掌握的情况，动态调整教学计划。

4. 单次课训练计划

单次课训练包括一般体能训练、技战术训练、心理训练以及针对薄弱环节等进行的针对性训练。教练要科学安排单次课的训练内容。

5. 教学服务方式

教练需要以专业的服务为不同特点的学员量身定做练习方案。教练提供一对一的长期追踪教学服务，传授基本知识与技能。学员经过培训和指导，掌握技术要领。教学训练的主要方式有教练做示范动作、动作对比分析、学员模仿动作、教练纠正错误。只有不断重复、强化训练，养成习惯，形成肌肉记忆，才能使学员真正领悟到技术的精髓。教练需要做到能尽早发现问题，又能找到如何解决问题的方法。教练和学员之间的关系不仅仅是单纯的合同关系，教练还要全心全意服务每一位学员，学员按照教学计划，一步步实现小目标，最终才能有所收获。

6. 教学测试和阶段性总结

每一位教练要完成每次训练和阶段性训练的计划和总结，并保存这些资料，便于学员在中断训练后，能保持学习的连续性和完整性。同时，这些资料也是调整后续教学计划和安排的重要依据。

第三节 高尔夫球专卖店运营管理

高尔夫球用品销售是高尔夫球俱乐部业务的组成部分，是俱乐部经营收入的来源之一。高尔夫球专卖店专营与打高尔夫球相关的用品，包括球杆、球包、球衣、球鞋和手套用品等。

一、高尔夫球专卖店种类

高尔夫球运动用品种类可以分为高尔夫球具、高尔夫球服饰用品和高尔夫球运动练习辅助用具，大多数高尔夫球专卖店都包含这三类产品，但是也有专门的高尔夫球用品专卖店。

1. 球具专卖店

高尔夫球具是高尔夫球运动必备的工具。据高尔夫球运动规则，球员的球包里最多可以放 14 支球杆。球员在购买球具时，不仅要考虑价格，还要考虑球具是否适合自己。如何挑选适合自己的球具，一般要求为杆身的软硬度、杆头的重量与自己的挥杆速度相吻合。

高尔夫球杆包括木杆、铁杆和推杆（图 3-2）。木杆主要用于远距离击球，杆面角度小，方向不易控制；铁杆一般用于球道击球，易控制落点和方向，劈杆、切杆主要用于果岭周边的击球；推杆主要在果岭上使用。

图 3-2 高尔夫球杆

2. 高尔夫球服饰用品店

高尔夫球服饰是打高尔夫球时的必备品，包括球帽、服装、球鞋、手套、毛巾等。在高尔夫球运动规则中，对服装、鞋有严格的规定。打球时必须穿有领的 T 恤、宽松的休闲裤和专业的高尔夫球鞋。男士若穿短裤，短裤须及膝；女士若穿短裙，短裙须及膝。除了打球，高尔夫球服装也成为一种时尚品，受到社会大众的欢迎。

（1）球鞋

高尔夫球鞋起着保护草皮、击球时站得稳、行走时省体力、防滑等作用。高尔夫球鞋与其他球类运动鞋很相似，但高尔夫球鞋鞋底一般有特制的小胶钉或小铁钉，胶钉磨损后可以更换。这种鞋的特点是易站稳，不易失去平衡，在果岭上也不会因为鞋底压力不均而伤害果岭上的草坪

（图 3-3）。

（2）服装

高尔夫球运动有其特有的服装要求，而服装要求也被写入了高尔夫球运动礼仪当中。一般高尔夫球运动着装上衣是 T 恤，有领有袖并必须束进裤子里。不能穿牛仔布料的上衣、裤子，以免影响挥杆和推杆的动作。如果天气冷，可以穿 V 领毛背心，里衬为有领

图 3-3　高尔夫球鞋

短袖 T 恤，或加穿休闲西装、夹克衫等。女士可以穿短裙，但不可过短，至少要长及膝盖，衣服、裤子、裙子上不能有金属钉。

（3）帽子

高尔夫球运动是一项户外运动，高尔夫球帽是高尔夫球运动中不可或缺的用品之一。戴帽子可以遮阳、避暑和防止头发散乱而影响视线。多数人喜欢戴鸭舌帽或没有帽顶的遮阳帽，优点是遮阳和在有风的情况下不易被吹落。在进行高尔夫球运动时球员向观众缓缓挥动帽子，是对观众致意，也是表示尊重观众。

3. 高尔夫球运动练习辅助用品店

高尔夫球运动练习辅助用品有球包、球座、球标等，也包括书、学习光盘等。另外，一些专卖店也经营如练习垫、练习场附件（距离牌、装球篮、果岭标志等）、发球器、练习杆、练习球等。

（1）球包

球包一般呈圆筒形状（图 3-4），按直径可以分为三种：全套球杆球包（直径 19~21 厘米）、准半套球杆球包（直径 18 厘米左右）和半套球杆球包（直径 15~17 厘米）。此外，球包也可以分为男用球包、女用球包和儿童球包。

（2）球座

球座常被称为"球 tee"，是高尔夫球运动中特有的装备，主要作用是把球垫到适当的高度，使击球时无障碍。球座只有在发球台使用。球座一般有木质和塑料两种，其似 4~5 厘米长的钉子，顶头比较大，供放高尔夫球。根据长度，球座还可以分为"长 tee"和"短 tee"。

图 3-4　高尔夫球包

（3）球标

球标俗称"马克"（ball mark），主要在果岭上使用。当一名球员的球挡住同伴的球时，需用球标给球的位置做上标记后把球拿开，以便同伴能顺利击球。

二、高尔夫球专卖店的仓储管理

仓储是指仓库内的储存和保管活动。高尔夫球专卖店一般都需要把进货的商品存入仓库。仓储管理的工作流程如下：

1. 商品验收与入库

（1）商品到货后，收货员应合理安排卸货，审核送货单据和收到商品的数量、状态及规格是否符合采购要求。如果符合要求，将商品存放到指定的位置。

（2）统计员及时统计并书写标签，标签须与账、物相符。

（3）将供应商的送货单转换成专卖店的入库单，入库单需要有仓库主管和保管人员签字，并交给统计员及时入账，在入库的当日办理相关入库手续，将入库单财务联转交财务。

（4）将商品分类摆放。

2. 商品存储与防护

（1）应提供符合要求的场所和环境储存商品。一般要求通风、干燥、防尘等，并配备防火设备。

（2）商品要按规定要求整齐摆放，分类别、分状态、分批次进行管理。标识清楚规范，同一款商品原则上只允许打开一箱（包）。必须确保现场物料包装完整无损。必须在库房管理人员确认的情况下，方可将商品取离库房现场。

（3）相关的库房管理人员应有计划地进行商品循环盘点，及时了解库存情况，将储存过程中发现损坏的商品立即从库房中移除，并填报相应的单据进行处理。

3. 商品出库

（1）商品出库时，库房管理人员应认真、及时、准确取出商品，并及时做好登记。

（2）遵循"先进先出"的原则发货。

4. 退货与换货

（1）在销售过程中，因质量、规格型号等客观原因需要退换货物时，可以凭发票及实物办理退换货物手续。退换货物须经检查确认方可执行。若是由客户人为造成的损失，恕不退换。

（2）商品收回后，库房管理人员须及时将货物归位。所有次品退货由收货人员统一集中退回给供应商。

5. 补货计划

库房管理人员根据仓库备货量，提出补货计划，提交上级部门审批。

三、高尔夫球专卖店的产品销售

高尔夫球专卖店出售的产品主要有高尔夫球具、高尔夫球运动服饰和高尔夫球运动辅助用品。销售人员除了必须熟悉高尔夫球运动相关知识，还必须掌握产品销售的技巧。

（一）岗位职责

高尔夫球专卖店各部门人员的工作职责如下：

1. 店长工作职责

（1）在总经理的领导下开展工作，负责公司各部门日常事务的协调和管理。

（2）制定门店的销售策略，编制销售计划，做好市场调研，积极拓展市场，不断提高市场占有份额。

（3）建立销售网络，定期或不定期走访客户，建立客户信息反馈网，解答处理客户的疑难问题。

（4）制定部门内部管理及分配制度、奖励办法。加强业务学习，不断提高综合素质和市场调控能力。

（5）完善销售程序，抓好售后的追踪管理。

（6）做好产品结构调整，不断满足市场需要，抓好客户接待。

（7）认真做好销售工作经济活动分析，根据市场动态，实时调整市场营销策略。

（8）掌握客户资信程度，保守企业机密。

（9）负责业务资料的收集、整理、归档。

（10）遵守企业制定的各项规章制度，维护店面的整洁。

（11）负责对专卖店店员进行产品培训。

（12）完成上级部门分配的其他任务。

2. 财务人员工作职责

（1）正确、及时、完整地记录和反映专卖店的经济活动和财务收支情况，提供准确可靠的会计核算资料。

（2）健全财务制度，按照记账规则做到账账设置规范，业务应用符合会计制度。

（3）严格遵守财务管理制度，做到账证、账表相符。

（4）定期整理、归档、立卷，原始凭证入账合法有效。

（5）会计报表准确、完整，报送及时，各类报表装订整齐，书写规范。

（6）定期分析财务收支活动情况，找出原因，总结经验，改进管理，促进增收节支，提高工作效率，起到领导的参谋助手作用。

3. 产品营销员工作职责

（1）在店长的领导下开展工作。负责企业产品批发、赛事、试打及宣传的日常工作。

（2）帮助领导策划并拟定公司发展的营销计划、宣传计划、主题活动计划、代理品牌的试打计划。

（3）抓好市场调研，积极开拓市场，不断提高市场的占有份额。

（4）建立销售网络，定期或不定期走访客户，建立客户的信息反馈网，解答处理客户的疑难问题。

（5）加强业务员学习，不断提高综合素质和市场调控能力。

（6）配合公司做好产品结构调整，不断满足市场需要，抓好客户接待工作。

（7）认真做好销售工作的经济活动分析，根据市场动态，适时调整市场营销策略。

（8）掌握客户资信程度，保守企业机密。

（9）负责业务资料的收集、整理、归档。

（10）按照企业的发展方向开发新客户，维持老客户的关系。

（二）销售技巧

1. 主动相迎

真诚、主动、热情、适度、持久是主动相迎时所遵循的原则，适用于整个销售过程。通过调查，约70%的客户会因为感到服务人员对其冷淡而离店。每一位进到专卖店的客户，他们对高尔夫球用品感兴趣，是专卖的潜在客户。客户希望得到尊重和重视，因此他们期待销售人员主动提供服务。主动相迎可以向客户表达销售人员随时提供优质服务的意愿，给客户留下深刻的印象，也为之后的销售奠定良好的基础。

在日常服务中主动相迎是销售过程的良好开端，是体现店面水准的重要环节。主动相迎需要语调亲切，发自内心地欢迎客户，用词需要得当，语速中等，声音洪亮清晰。要面带微笑，微笑要自然、亲切。姿势要得当，以手势示意客户进店参观。要予以目光关注，问好的时候目光应该跟随客户。主动相迎需要避免以下行为：不主动打招呼，等待客户发问；态度冷淡，对客户漠不关心；客户进店后，店员表现出诧异的表情；亲此疏彼，对认为"有可能"购买的客户热情问候，对其他客户比较冷淡；精力分散，问好的同时注意力不在客户身上；距离不当，过于接近或者过远的问候都应该避免。

2. 了解需求

了解需求的目的是分区客户的主要需求与次要需求。了解需求是为了避免被动销售带来的不利影响。被动销售不容易取得客户的信任，容易错过销售时机，无法体现顾问式服务。销售人员可以借此了解客户的需求是否明确。向有明确需求的客户和没有明确需求的客户介绍销售产品会有所不同。

不同的客户需求不同，销售人员必须了解客户的需求，才能打动客户。了解需求，也能使客户对销售人员产生信任，从而愿意听从销售人员的建议。了解需求，也能为介绍产品奠定基础，减少不一致的意见。了解需求，能实现真正的顾问式销售，体现专卖店销售人员的亲和力。了解需求的方法有：

（1）观察法

观察客户的外表、行为举止、与他人的谈话等。用心观察，能发现客户的需求，为提供针对性的销售做好准备。但要注意，仅仅依靠观察无法判断客户的真正需求。

（2）询问法

销售人员在开始介绍产品之前，应先主动询问客户的需求。根据客户对产品的了解程度，销售人员可以适当地提示产品信息。销售人员可以通过提问的方式了解客户需求。提问可由浅入深，可以从比较简单的问题着手，逐渐接近购买核心。

例如："今天您想看一下球杆吗？"

"您需要看一下 1 号木杆吗？"

"您喜欢哪个品牌？"

（3）聆听法

聆听是优秀销售人员必备的素质之一。销售人员可以在聆听中了解客户真正的需求，并让客户感受到销售人员对他的尊重。聆听时要有耐心，不要打断客户，努力记住客户的话。如果在销售过程中能够重复客户说的一些话，客户会觉得销售人员很用心，对商品的好感也会增加，为成功销售奠定基础。要做一个积极的聆听者，不仅要用点头或一些短句表示回应，还可以适时地发问。若没有听清楚，最好请客户再说一遍，如"对不起，我没理解您的意思，请您再说一遍好吗？"

销售人员还应在思考、核查和响应上下功夫。

思考：因对产品了解的局限性，客户不能准确地说出他们的真实需求，因此需要销售人员通过思考分析客户的真正需求，或者客户的需求原本就不明确，需要销售人员根据客户的实际情况，通过思考分析帮助其找出真正的需求。

核查：优秀的销售人员在与客户沟通的过程中，每说五句话就会有一句是在核查自己的理解。通过核查可以避免对客户的需求产生误解。核查时，用自己的话表述客户的需求，然后请客户判断准确与否，同时还应该观察客户的反应。

响应：使用肢体语言表示认同或鼓励客户继续陈述，如点头。在交谈过程中，重复重点信息，观察客户的反应，对客户提出的问题，给予简短的回答。

✐ 思考与实训

1. 简述高尔夫球练习场的经营模式。

2. 简述高尔夫球练习场的接待流程。

3. 高尔夫球练习场服务人员上岗前的准备工作有哪些？

4. 高尔夫球练习场中的教练应具备哪些素质？

5. 熟悉高尔夫球用具。

6. 简述高尔夫球专卖店仓储管理的工作流程。

7. 简述高尔夫球专卖店的销售流程。

8. 举例说明高尔夫球专卖店销售人员的销售技巧。

第四章

高尔夫球童管理

本章导言

本章通过拓展高尔夫球俱乐部运作部的岗位设置与职责，运作部服务客户流程与标准，让学生了解俱乐部的结构，以及球童管理与归属部门，同时，重点介绍了球童的组织架构与级别管理、球童的行为规范与工作程序、球童的管理程序，以及球童培训的内容，球童对客服务规范。

学习目标

1. 了解球童的组织架构，熟悉球童级别评定内容。
2. 掌握球童的日常工作程序。
3. 了解球童对客服务培训的意义。
4. 掌握球童对客服务规范。

第一节 高尔夫球童管理概述

拓展阅读:
高尔夫球俱
乐部运作部
简介

目前,我国高尔夫球行业已步入成熟发展期。高尔夫球运动消费者的消费方式、消费心理日趋成熟,对球场各方面服务的要求也越来越高。那么,球场就要提高管理水平及从业人员的素质,而球童与客人的相处时间最长,因此球童的素质与服务水平直接影响客人在球场的体验。

一、球童组织架构与级别管理

(一)球童组织架构

拓展阅读:
客户下场管理

球童由球童主管负责,球童队伍一般划分为五个班,每班设正班长、副班长,每班30名球童(图4-1)。

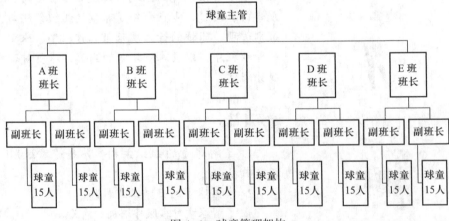

图4-1 球童管理架构

为了加强团队管理及提高服务质量,每组各设立两名小组培训员,负责培训本组组员。球童主管对小组培训员进行集中管理。

按照球童级别比例划分,球童分为金牌球童、A级球童、B级球童、C级球童和D级球童。正、副班长均为金牌球童,小组培训员为A级球童以上。每位金牌球童、A级球童需负责监督和提高3~5名球童的工作质量。

球童出场时实行"组长制",同组球童在场地服务客人时,由本组级别最高的球童对该组球童的场地服务进行监督，出发员在出发时临时灵活指定，如有任何违规现象或遭客人投诉事件发生，队长均负有一定的责任。

球童班长：每班设班长一名，班长除负责本部的管理工作以外，必须出场，属于半脱产性质。

球童副班长：每班设副班长两名，副班长除协助班长管理本班的工作以外，也必须出场，属于半脱产性质。

金牌球童：金牌球童占球童总比例的10%。

A级球童：A级球童占球童总比例的20%。

B级球童：B级球童占球童总比例的30%。

C级球童：C级球童占球童总比例的25%。

D级球童：D级球童占球童总比例的15%。

（二）球童级别管理

1. 球童级别评定标准

（1）金牌球童

① 新手球童工作时间需18个月或18个月以上，熟手球童工作时间需15个月或15个月以上，有特殊贡献或获得月度、季度、年度优秀球童或员工者可晋升金牌球童。

② 金牌球童必须担任组长以上职务，具备一定的球童管理能力。

③ 金牌球童在职期间不得有任何违规记录。

④ 金牌球童初评一般为每半年评定一次，评定基本步骤分为笔试、场试、面试三轮，上一轮考核通过者方能继续进行下一轮考试。

⑤ 已评为金牌球童的，每半年审核一次，审核内容包括对客服务技能（40分）、日常工作表现（30分）、高尔夫球运动与管理专业理论知识（15分）、球童管理技能（15分）。

⑥ 金牌球童采取末位淘汰制，考核成绩居最后一名者撤除组长职务，降为A级球童，考核成绩低于60分者直接降为B级球童。

（2）A级球童

① 新手球童工作时间需15个月或15个月以上，熟手球童工作时间需12个月或12个月以上，有特殊贡献者或获得月度、季度、年度优秀球童或员工者可晋升。

② A级球童必须是各小组的助理组长、部门或小组培训员、语言（英

语、日语、韩语）球童，其点号率居球童部前十。

③ A 级球童在职期间不得有任何重大或以上违规记录，一年内不得有任何违规记录。

④ A 级球童一般每半年评定一次，评定步骤分为笔试、场试、面试三轮，上一轮考核通过者方能继续下一轮考试。

⑤ 已评为 A 级球童每半年审核一次，审核内容包括对客服务技能（40分）、日常工作表现（40分）、高尔夫球运动与管理专业理论知识（20分）。

⑥ A 级球童采取末位淘汰制，考核居最后两名者降为 B 级球童，考核分数低于 60 分者直接降为 C 级球童。

（3）B 级球童

① 新手球童工作时间需 12 个月或 12 个月以上，熟手球童工作时间需 8 个月或 8 个月以上，有特殊贡献者或获得月度、季度、年度优秀球童或员工者可晋升。

② B 级球童在职期间不得有任何一般或以上违规记录，半年内不得有任何违规记录。

③ B 级球童一般每半年评定一次，评定步骤分为笔试、场试两轮，上一轮考核通过者方能继续下一轮考试。

④ 已评为 B 级球童每半年审核一次，审核内容包括对客服务技能（45分）、日常工作表现（35分）、高尔夫球运动与管理专业理论知识（20分）。

⑤ B 级球童采取末位淘汰制，考核居最后三名者降为 C 级球童，考核分数低于 60 分者直接降为 D 级球童。

（4）C 级球童

① 新手球童工作时间需 6 个月以上，熟手球童工作时间需 3 个月以上，有特殊贡献者或获得月度、季度、年度优秀球童或员工者可晋升。

② C 级球童在职期间不得有任何违规记录。

③ C 级球童一般每半年评定一次，评定步骤分为笔试、场试两轮，上一轮考核通过者方能继续下一轮考试。

④ C 级球童每半年审核一次，审核内容包括对客服务技能（50分）、日常工作表现（30分）、高尔夫球运动与管理专业理论知识（20分）。

⑤ C 级球童采取末位淘汰制，考核居最后 4 名者降为 D 级球童，考核分数低于 60 分者直接淘汰。

（5）D级球童

① 新入职生手球童、熟手球童培训合格即为D级球童，表现一般的球童也为D级球童。

② D级球童在职期间不得有任何违规记录。

③ D级球童每半年审核一次，审核内容包括对客服务技能（55分）、日常工作表现（30分）、高尔夫球运动与管理专业理论知识（15分）。

④ D级球童采取末位淘汰制，考核居最后一名者或分数低于60分者直接淘汰。

2. 球童级别评定内容

（1）高尔夫球运动与管理专业理论知识

包括高尔夫球规则、高尔夫球礼仪、球场运作知识、高尔夫球运动与管理专业英语、俱乐部基础知识等。考试题目难易度和球童级别相对应，级别越高，难度越大。培训组负责设立理论考试题库。

（2）球童场地服务技能考核

评定金牌球童及A级球童时进行场地服务技能考核，级别越高，难度越大。

（3）球童基层管理技巧

由于金牌球童及A级球童均属于球童基层管理者，故需考核球童基层管理技巧。

（4）各项考核指标

其中球童点场率、评估卡回收率和优秀率作为考级硬指标，各级别均须达到相应水平才具备参考资格，球童出勤率、违规记录、球童奖惩记录均每月考核一次。

3. 球童级别评定步骤

（1）对所有球童分级别进行理论专业知识考核。

（2）对各级别球童的点场率、评估卡回收率和优秀率进行统计。

（3）对所有球童的出勤率、违规记录及奖惩记录进行统计。

（4）结合理论考试成绩及各项记录，分类对B、C、D级球童定级。

（5）金牌球童、A级球童理论考核通过和各项记录合格者分级别参加场地服务考核。

（6）金牌球童、A级球童场地考核通过者参加面试，面试通过者正式定级。

（7）所有级别均在评定后的第二个月开始正式生效。

二、球童行为规范与工作程序

（一）球童日常行为标准

（1）全体球童必须遵守各项法律法规，遵守公司及部门各项规章制度和工作流程。

（2）球童要保持充足的睡眠，以良好的精神面貌迎接工作。精神状态萎靡不振、不能保持良好心态的球童，停止当天出场；情况严重者，延长停场天数。

（3）工作期间严禁串岗，勿在任何对客区域接听私人电话。在场地服务时，除非工作需要，不得接听和拨打电话，并将手机关机或调成振动。

（4）工作中，球童应积极主动服从工作指令，并保证工作指令落实到位。

（5）同事之间和睦相处、互敬互爱、相互帮助，共同营造和谐积极的工作氛围是每一名员工的义务与责任。

（6）严禁在公司区域讲粗口、不雅口头禅或其他低俗言语，严禁在背后中伤同事或他人，不得贬低他人人格和伤害他人自尊。

（7）不得向外部透露公司内部政策与机密，严禁球童向外界透露球员或员工的个人资料和隐私，严禁讨论客人的喜好。

（8）球童在工作中应保持积极良好的服务态度，对待客人一视同仁，出现意外能冷静处理，能够维护公司、客人及同事的利益。

（二）球童出场用品管理流程

（1）上班第一时间将所有出场物品准备好，包括绿色工具袋、沙袋、沙勺、毛巾（在出场前半小时湿好）、果岭叉、球标、雨衣、雨布、铅笔、记分卡等。

（2）从车库去出发区时，标准背拿工具袋及沙袋，所有出场物品必须按出场顺序整齐摆放好。

（3）客人到达前10分钟必须将绿色工具袋按标准绑在球车上，沙袋统一正确地背于身上，提前戴好安全帽（头盔）。

（4）回场后将沙袋内的沙子、草屑、垃圾清理干净，下班时将工具袋及其他出场用品放置到储物柜内。

（三）球童备班、出场、回场程序

1. 备班

（1）每位球童在球童备班室等候出场前应熟知自己的出场位置，当自己前面只剩三人时，不得擅自离开。除非上级另有工作安排，如有特殊情况必须向本班班长、当班班长或主管请假。

（2）当出发台或班长通知出场时，每位球童应第一时间按照要求到对应场地出发台等候。

（3）在备班室等候时，球童要注意工作纪律，不得大声聊天、吵闹。

2. 出场

（1）所有球童必须按照排班出场顺序出场（点号除外），如遇上级或出发员临时调整，应服从安排。

（2）当有球包到达出发台时，备班球童须提前按照要求站立于球车两侧迎接客人。

（3）客人到达出发台时，配合出发员主动快速寻找客人球包，并将球包按照出发员分组安排迅速绑在指定球车上，如遇下雨天，必须在客人到达之前将球包雨布绑好。

（4）点号球童如熟知客人球包，应在客人球包到达第一时间将球包绑好，端坐于球车上等候，客人到达时起身迎接。

（5）客人上车后，按照出发员的安排主动指引客人到达球场。

3. 回场

（1）球童在回场第一时间应整理客人球包，内容包括清点、清洁球杆，清点打球物品等，然后请客人签名确认并主动询问客人球包去向，如客人无特殊要求，则直接送至接包处。

（2）球童回场后提醒客人带齐物品，天黑时需更加小心，要亲自检查，不可因赶车下班而急急忙忙，产生疏漏。要着重提醒客人拿好贵重物品如钱包、手机、手表、车钥匙。

（3）如客人因赶时间或疏忽而遗漏物品，不可将眼镜、手机、手表、钱包等贵重物品放入球包，应该交到出发台，以便客人回来寻找。

（4）球童回场后应主动帮助客人一起核对记分卡，记分卡应该询问客人是否需要带走，不可轻易丢掉。服务团队和比赛时，如需由球童帮助交记分卡，在计算完成后应迅速交到记分卡收集处。

（5）球童回场后主动将球童评估卡交给自己的客人，并请客人将其投入对应评估箱内。

（6）球童在整理完客人球包及物品，和客人核对好相关事宜后，应迅速将球包运送至指定地点。

拓展阅读：
球童球场礼
仪规范

（7）将球包运送完毕后，迅速整理球车，将垃圾清理干净，毛巾和冰箱等还回指定位置。

（8）球童在回场整理完毕后，必须主动到指定位置签回场，签完回场后按照指示休息、下班或等待出下一场。

（四）球童服务安全规范

（1）时刻注意他人和自身的安全，保持清醒的头脑和高度的安全意识。

（2）安全驾驶球车，不可逆行，严禁超载。

（3）手上持杆超过4支时，必须站在地上插球杆，插好后再上球车，两手抓车，身体紧靠球包，站好后再说"OK"，示意客人开车。

（4）转弯和下坡时，提前告诉客人慢驶。注意身体的离心力和转弯的方向相配合。

（5）如客人开车太快，且不听球童劝告，球童有权礼貌地停止服务，球童有权制止16岁以下未成年人和不懂驾驶球车的客人开车。

（6）前组客人没有走出安全距离之前，坚决制止自己的客人击球。

（五）球童义务与管理

为了更加科学合理地协助相关部门对球场草皮、景观和设施等进行保养，提高球童的团队协作能力，增强球童的集体荣誉感和俱乐部主人翁意识，对球童义务做了明确规定。

1. 球童基本义务工作

球童在球场范围基本义务工作包括打痕铺沙、捡拾草皮和垃圾、修复果岭球印、清除球场杂草、协助平整沙坑等球场保养工作。其他范围及基本义务工作为：会所区域，如清洗球车、清洁会所出发区域、打扫球童休息室和电视房卫生、打扫球车库卫生，以及运作各分部，如协助接包处、练习场、球车库、出发台等分部的日常运作。具体工作如下：

（1）铺沙、捡草屑、挑球印、耙沙坑、拔杂草、捡垃圾等工作是球童的基本职责。

（2）在球场杂草比较多，需要及时清除时，球童主管应合理安排时间，将拔草任务按区域划分到各组，各班班长再合理平均分配给每位球童（责任到人），每位球童均须按时、按量、保质完成拔草任务。

（3）在球场果岭球印较多，特别是秋冬两季时，球童主管合理安排时间，将修复球印工作按区域划分到各组，各组组长再合理平均分配给每位球童（按洞责任到人），每位球童均须保证自己的责任洞果岭球印能及时得到修复。

（4）在俱乐部举办重大赛事时，需要球童协助耙沙坑、捡垃圾或履行其他球场义务时，每位球童必须服从安排，主动、及时、高效地完成工作。

2. 球童其他义务工作

（1）球童每周按班轮流全面清洗俱乐部所有客用球车，清洗时间、规范、要求一般由球车车库主管及球童班长制定。

（2）练习场客人较多，练习场内球较多或需要及时回收球时，球童有义务协助练习场员工捡球，球童主管或班长灵活合理安排，所有球童必须服从安排。

（3）当客流量较大或接待大型团体赛事时，全体球童有义务协助接包员在接包处进行接包工作，球童主管或班长灵活合理安排，所有球童必须服从安排。

（4）如协助拿冰块、拿送大毛巾、打饭、领水、练习场接送、帮客人送餐及水、带客参观、打扫各区域卫生等工作，每位球童在接到上述工作安排后应主动完成。

3. 检查与评比

球场保养工作以班为单位每月进行一次评比，球童部主管在每月月底组织评比工作，评比委员会由运作部经理、球童主管、调度主管、出发主管、培训主任和各班班长组成。除每月的评比之外，球童主管和球童班长每周以抽查形式对球场保养工作进行检查评比，并将评比结果运用到球童等级评定中。

（六）球童值班管理制度

（1）全体球童均需熟悉运作部的所有工作流程，在有工作需要去其他岗位值班时，能够顺利完成工作。

（2）球童在出发区域、接包处、球车库、练习场等岗位值班时，均应按照各岗位工作标准进行值班。

（3）球童在值班时需保质、保量完成值班工作。

三、球童管理程序

（一）球童招聘管理程序

1. 球童招聘来源

球童招聘来源主要有：

熟手球童：招聘具有一年工作经验以上的球童。

学校实习生：从人事部的协议学校招聘。

社招生手球童：从社会招聘而来，部分为公司内部员工介绍。

2. 球童招聘要求

年龄一般为18~25岁，身高在160厘米以上，裸眼视力在1.2或1.2以上，学历要求为高中、中专及以上，五官端正，身体健康，思想品质好，无不良嗜好，爱好体育运动者优先。

3. 球童招聘流程

球童初试—公布复试名单—球童笔试（熟手场试）—公布录取名单—集体体检—公布体检合格名单—球童办理入职—运作部报到。

（二）点号球童管理规定

（1）球童预订统一由出发台负责并通知球童，球童不得私自接预订，如果客人主动打电话给球童，球童必须提前告知出发台。

（2）当天打球结束后，客人要求第二天连跟的，球童须带着客人一起前往球童部出发台说明并做登记。

（3）由主管或出发台通知指定要服务VIP客户的球童，该球童不跟回班里上班，须提前向班长汇报。

（4）团体或赛事点号时，需提前1小时到达出发点向主管报到。

（5）球场义务工作方面，由班长将经常点号的球童安排在一起负责某段位置。不能与本班一起下场时，球童出完场后自行调整时间去完成工作。

（三）球童工伤处理程序

（1）若球童受伤，球童本人或同组球童可用自己的手机或者借用客人的手机通知出发台或球童部管理层，如遇巡场员要第一时间通知巡场员，由巡场员通知出发台或球童部管理层，视具体情况将受伤球童送回球童部或在现场等候医生，并告知具体地点、受伤情况。

（2）接到球童受伤通知的人员第一时间通知俱乐部医务人员，并安排球车接医生到球童部或现场；然后，要通知运作部经理、球童部管理层、人事部。

（3）球童部管理层及巡场协助医生救助伤员；运作部经理第一时间赶赴现场，协调各方事务；人事部接到通知后需联系好急救车到出发区待命；由医生诊断受伤球童是否需要送往医院，如需送医院诊断，要迅速联系车队派车，球童部主管或球童班长需一同随车去医院。

（4）同组球童或受伤球童在事故当天要写叙事报告；球童主管负责写工伤报告书并分析事故原因及改进措施；人事部跟进工伤申报及工伤索赔并代表俱乐部致电慰问、探望伤者。

拓展阅读:
球童请休假
制度

（四）球童违规处理程序（图4-2）

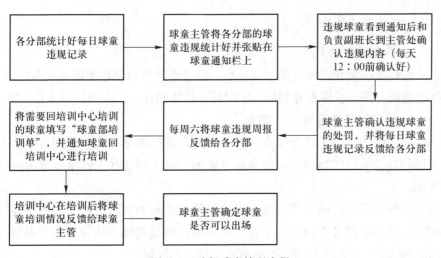

图4-2 违规球童处理流程

（1）各组在每天下班前将当天违规的球童按照"每日球童违规统计表"统计好，将违规日期、球童编号、情景概述、登记人登记清楚，球童主管在第二天上班及时将前一天各组的球童违规统一统计在"每日球童违规统计表"上，并张贴在球童通知栏上。

（2）所有违规球童在看到通知栏上的违规通知后，停止出场，第一时间和本班副班长到球童主管处确认违规内容，在得到主管确认后方可出场。

（3）球童主管在每天 12：00 前处理前一天的违规球童，并在每天下班前将"每日球童违规统计表"反馈到各组。

（4）如有违规球童需要返回培训中心培训的，需填写"球童部培训单"给培训中心，由培训中心进行培训，培训中心在培训结束后将球童的培训情况反馈给球童主管，经球童主管同意后方可出场。

第二节　高尔夫球童对客工作

一、球童对客工作培训

要想让球童的工作达到规定的要求，培训是必须而有效的手段。

（一）培训的意义

1. 提高球童的素质

培训是球童获得发展的重要途径，通过培训可以使球童增强服务意识，提高外语水平，获得专业知识，掌握服务技能和技巧，全面提高综合素质。

2. 提高服务质量和工作效率

通过培训，球童清楚工作内容，服务质量标准是什么，遇到特殊情况怎样处理。系统的培训可以提高服务质量，减少球童在工作中出现失误的概率。

培训中所讲授的工作方法和经验是经过长期的实践总结出来的。通过培训，球童掌握技能技巧和工作程序不但能够提高服务质量，还可以节省时间和体力，提高工作效率，达到事半功倍的效果。

3. 提供安全保障

通过培训可以不断增强球童在球场的安全意识，使其掌握正确的操作方法，减少伤害性事故的发生。

4. 优化管理

通过培训球童的素质得以提高，球童部的工作有条不紊，从而可以优化管理人员的工作，使管理者的工作变得顺畅有序。

5. 改善人际关系

通过培训可以促进球童和管理层、球童和球童之间相互了解，建立良好的人际关系。

6. 球童服务标准化

通过培训可以使球童服务标准化，可以进一步提高球童的服务质量、增强服务意识。

（二）培训的类型

1. 岗位培训

岗位培训包括对新球童的入职指导和岗位工作所需要的操作程序、服务规范和基本的服务技能技巧的训练。球童部必须贯彻先培训后上岗的原则。

2. 日常培训

针对工作中出现的问题要随时进行培训。日常培训可以在不影响日常工作的情况下，进行个别指导和训练，也可以利用各种机会对一定范围内的员工进行提示或研讨。

3. 下岗培训

对于上岗后，在业务、技术、职业道德等方面不称职的球童，要进行下岗培训，经过严格考核，合格后方可上岗。对于经二次下岗培训后，考核仍达不到要求的，应考虑将其调离岗位。

4. 专题培训

专题培训是就某个专题对员工进行的培训。随着工作要求的逐步提高，有必要对球童有计划地进行单项培训，以扩大球童的知识面，提高业务能力，进一步提高球童的职业素养。专题培训的方式和内容灵活多样，主要包括以下内容：

（1）外语培训。如举办初、中、高级外语学习班来满足不同外语水平球童学习外语的要求，以提高球童的外语水平。

（2）高尔夫球技术培训。球童会打高尔夫球，并且水平不错，会给客人带来许多帮助，而且会提高球童对服务工作的兴趣。

（3）高尔夫球规则培训。能深入了解高尔夫球规则，是球童提供优质服务不可缺少的要素。

（4）球车驾驶技术培训。掌握球车的驾驶技术，保证会员和球童的安全。

5. 管理培训

管理培训又称为晋升培训或发展培训。它是一种针对有潜力的球童或管理人员在晋升管理职位之前所设计的培训项目，以便使其能够有机会了解其他岗位的工作内容、性质和特点，掌握必要管理技能和技巧，以适应未来管理工作的需要。

（三）培训的内容

1. 仪容仪表

（1）站姿

身体端正，精神饱满，站立平稳，重心不偏；站立时挺胸收腹，两肩水平，双肩自然舒展，双目平视，嘴微闭，面带微笑；站立于球车后面时双腿稍分开，以保证安全。

（2）坐姿

坐姿端正，只坐半椅；肩部自然展开，双腿并拢，手自然放在膝关节处；坐于球车上时，保持双脚平踏，两脚微张。

（3）行走

在俱乐部区域内行走时，必须成排成行按规定路线行走；昂首挺胸收腹，目光注视前方，肩要平，身要直；行走中不与他人勾肩、搭背、搂腰；与宾客同行至门前时，应主动开门让其先行；客人迎面走来时，要主动侧身为客人让路。

（4）手势

为客人指引方向时，要手臂伸直，手指自然并拢，掌心向上，指向目标，同时眼睛要看着目标并兼顾对方是否看到指示的目标；在介绍或指示方向时切忌用手或用笔等物品来指点；递东西给客人时应用双手递送，不能漫不经心地抛扔，从客人手里接东西也同样必须双手接。

（5）举止

保持优雅仪态，在客人面前禁止出现不文雅的举止；迎客走在前，送客走在后，客人能过时要让路，同行不抢道，不许在客人中间穿过；与别人谈话时语调自然、温和，保持工作场合的安静，说话声音要轻，切勿大声喧哗。

2. 球车驾驶规范

（1）启动前

在开动球车前应检查球车的外观及轮胎气压，有问题及时反馈。

（2）启动球车

首先应将前进或后退档挂至适当的位置上，然后踩下刹车，确认前后安全之后，再慢慢踩下油门踏板。

（3）行驶

要保持眼睛向前看，不要过分踩踏前进踏板，避免车速过快，禁止高速行驶。保持方向的正确和稳定，严禁单手驾驶，严禁双脚操作（双脚只允许在上坡起步进行）。在看到前方有球车或行人的时候，要减速行驶，把脚放在刹车踏板上，必须注意与前方球车和行人保持一定的安全距离。

球车上坡时要注意适当地加力踩前进踏板，同时注意避免因为坡度太大而使车辆后退。球车下坡时首先要减速，其次要把脚放在刹车踏板上，准备随时刹车。球车在道路上行驶时，严禁向外攀越，以免发生意外。

（4）转弯

转弯之前要减速，平地和下坡转弯时要把脚放在刹车踏板上，随时准备刹车。上坡转弯时要轻踏前进踏板，保持低速行驶。转弯时要慢慢转动方向盘，禁止快速或者大幅度转动方向盘。转弯时禁止双手交叉驾驶和急速行驶。

（5）倒车

倒车时首先应把前进/后退档转至后退的位置，然后踩下刹车踏板，回头确认后方没有行人车辆和其他障碍物之后，慢慢踩下油门踏板倒车。在倒车之前，必须一直保持回头状态，避免出现意外。倒车转弯时尤其注意。

（6）停车

停车时一定要提前把脚放在刹车踏板上，慢慢地踩下刹车踏板。在离开球车前必须仔细检查用来停车的踏板已经踩到底，并确认车辆不会自行前进/后退，之后才可离开车辆。

（7）紧急情况

当遇到紧急情况时，首先要迅速将油门松开再用力踩下刹车踏板，然后适当使用方向盘。

（8）注意事项

① 在本球场球道转弯、下坡驾驶时，要减速慢行，在过涵洞时要特别注意双向行驶的车辆及行人。

② 当客人开车前，球童必须双手抓紧、站好，大声回复"OK"，在下坡、转弯时一定要提醒客人减速慢行。

③ 客人开车出发时，球童要提前将方向告之客人，并提醒慢行。前往1 号洞时，在过主干道前球童要提前注意是否有车辆来往，如有车辆来往，务必提醒客人减速停车让道。

④ 当一组客人驾有两辆球车时，前车在停车后，球童不能下车站在球车后，以免后面球车刹车不灵或车速过快而发生意外事故，应等后面车辆停稳或下车后站在球车两边。

⑤ 客人在驾驶球车时，如球童手里抓有球杆，不能在行驶过程中插放球杆，应抓好、站好保证自身安全，等球车停稳后再放回球杆。

⑥ 当客人驾车遇到紧急危险情况时，球童应及时往安全方向跳车，确保自身安全。

⑦ 当球车经过主干道时，务必看清双向有无来往车辆，并提前提醒客人减速慢行。

⑧ 平稳驾驶车辆，平稳意味着安全性更高。

二、球童对客服务规范

1. 球童下场前准备工作

（1）检查仪容仪表

出发前，每一位球童应把精神状态调整到最佳，精神饱满、服装整齐，按规定时间提前到达出发台等候。

（2）清点工具

① 较为标准的下场服装为 T 恤、短裤、高尔夫球鞋，裤子最好有口袋，可以装一些小东西。

② 10~20 个高尔夫球，最好统一牌子或者有自己的标志，避免跟同伴的球混淆。

③ 高尔夫球 tee 5~10 个（长短根据自己的喜好），mark 3~5 个。

④ 一定量的食物和饮用水。根据个人喜好配备，但是建议不要带太多

和太难消化的食物，一边打球一边吃东西并不是很好，但是补充足够的水分很重要。

⑤ 防晒用品。如防晒霜、高尔夫用防风伞、太阳帽。

⑥ 一条小毛巾。打球过程中会出汗，使用毛巾擦汗既方便又环保。

另外，还需准备记分卡、沙袋、牙刷、小瓶子、铅笔、果岭叉、雨衣、雨包套、小垃圾桶等。

2. 发球台的操作标准及流程

（1）拿记分卡、装沙

球员下场打球都需要拿一个沙袋用来装沙，装沙的目的是当客人打球时，挥杆用力过大将发球台、球道上的草皮打起后，需要将草皮捡起放到原处，然后铺上沙，可使草重新长出，以保护草皮。

（2）向客人问好并自我介绍

客人到时球童应向客人问好；服务时应尊称客人为"您"；客人打出好球后应喝彩，如"好球！"；客人打完球后，应向客人说："您辛苦了"；客人离开时应向客人示意"再见"。

向客人作自我介绍时应说："×× 先生（小姐），您好！（说完后15°鞠躬，起身时不要太急，可稍做停顿）很高兴为您服务，我是您今天的球童。"然后，一定要说清楚自己的球童号、姓名，以让客人记住自己。

（3）清点客人的物品及球杆，并请客人确认

出发前在出发室领到出发单后，马上安排球童。客人坐车过来后，安排好的球童要马上过去拿包，然后确认客人，找好对应的客人后，把客人的球包装上球车，立刻帮助客人检查球杆数及球包内的物品，并向客人确认，然后才可出发。

清点客人球杆数量，如果缺少球杆或球杆套应重点向客人说明。发球台服务点杆规范用语："×× 先生 / 小姐您好！您球包里有 × 根木杆，× 根铁杆，× 根推杆，一共有 × 根球杆，您看对吗？"当客人应答后要说"谢谢"。注意说话时要语气亲切吐词清楚、语调适中。

（4）带客人做热身操

热身运动是指在正式运动前，用短时间低强度的动作，激活各肌肉与关节，提高局部和全身的温度以及血液循环，使心血管系统、呼吸系统、神经肌肉系统以及骨骼、关节等方面能够逐渐适应将要进行的运动，以防止发生运动损伤。

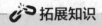拓展知识

热 身 操

颈部：直立，双手叉腰，向上仰头，向下低头，向左摆头，向右摆头，各进行4个八拍。然后以顺时针或逆时针转动头部，做4个八拍。

肩部：手指搭在同侧肩部，做单臂绕环动作；然后手臂打开伸直，双臂同时做绕环动作。

腰部：双手叉腰，双脚与肩同宽，做腰部绕环动作。

膝关节：双腿并拢，双手放在膝关节上，膝关节微屈，脚不动，膝关节做绕环动作。

踝、腕关节：一侧脚站立，另一只脚向侧后方伸出，脚尖点地，踝关节做绕环动作，同时双手交叉，腕关节做旋腕动作，一只脚活动完后换另一只脚练习。

弓步压腿：一腿向前迈一大步，前腿弓后腿绷直，身体保持竖直，向下压，然后换腿练习。

侧弓步压腿：向侧方向迈一大步，向左迈，左腿屈、右腿伸直，向下压腿，然后换腿练习。

俯身压腿：双脚并拢，双腿绷直，俯身，双手努力贴近脚面。

（5）递给客人球杆和球并做记号，带备用杆

当询问客人确认使用的球杆后，垂直握把向上递杆，手平伸送出并说："这是您的球杆。"记住客人球号和牌子，避免其他球同时上果岭后分不清楚。有时同样的码数可以使用不同的球杆，在不确定的情况下，可以为客人多带一支球杆。

（6）站好自己的位置

客人要打球时，应站在客人右后方45°角3~5码（1码 ≈ 0.914 米）处为客人看球，如遇到盲点可根据情况调整，切记不可站在妨碍客人打球处，传递杆或其他用具时尽量不要走上发球台。

（7）为客人介绍球道

向客人介绍球道，包括码数、标准杆、风向、第一落球点及安全距离，并询问使用几号球杆。

发球台介绍球道规范用语："×× 先生 / 小姐，您好！这里是 × 号球洞，标准杆 ×，长度 ×，请问您用几号球杆开球？"当客人告知使用球杆后，一边将球杆递给客人，一边告知客人球杆的号码、第一杆所打方向及

安全位置、距离、风向、有无 OB（界外）或其他障碍。

（8）注意观察有没有人没离开危险区

由于球击出后距离比较远，速度比较快，而且存在很多不确定因素，所以在客人击球前一定要注意有没有人在危险区。如果有，迅速让其离开；如果在球出去时突然发现有人在危险区，应大声喊"看球"，以避免发生意外。

（9）认真记住客人球的去向及落点并告诉客人

在服务过程中，球童要看清楚球的每一个落点，这是客人衡量球童服务质量的准则之一。看球的方法是：看球飞出的方向—球飞行的方向—球的落点—球滚动的距离—球的停点—选择参照物。当因特殊情况如阳光、有雾或落进树林时不可能完全看到每一颗球时，应尽量看清球出去的方向，判断球飞行的距离，然后大面积寻找。

（10）客人的球打到别人的球道时

如果客人的球打到别人的球道上，如有工作人员或有危险的可能时，应大喊"看球"，直到其听到并离开为止。

（11）做好草坪维护工作

在打球过程中，要注意保护好草皮，特别是果岭上的草皮。如客人不小心将草皮掘出，应将草皮拾回并铺好沙子。

（12）服务助言

客人打出好球时，球童须喊"nice shot"或"nice ball"（好球），与客人分享快乐。

当客人击球上果岭或打出好球时，球童应欢呼"nice on"或"nice shot"，发自内心的喝彩会使客人倍受鼓舞，这可以提高客人的打球兴趣。

当客人推球入洞时，球童应该欢呼"nice in"，并迅速将球从洞中拿起擦拭干净。当球停止，球童要喊好球并给球做 mark，除非听到同组客人说"ok"才可将球捡起，球童要代其客人说"谢谢"。

若客人的球没打好，应安慰客人或帮助其分析原因，提出一些好的建议。

规范用语："不要紧，您放松点打。""您再打一个暂定球吗？""您如果换另外一支杆也许感觉会好一点。"当客人的球打进障碍区、OB\水障碍、沙坑时，应安慰客人并适当提出专业意见。

3. 球场普通区和罚杆区标准及流程

（1）经常问客人要什么球杆，并及时多拿两支客人可能要换用的球杆。

（2）客人在球道上攻果岭时，球童应准备好切杆和推杆，如果球"on"了，立即将推杆给客人。

（3）当球进了沙坑，帮客人拿了球杆后，应立即找好沙耙准备耙沙。要掌握耙沙技巧。

（4）保证沙包里装有足够的沙，随时准备捡起打起的草皮，并铺好沙。

（5）要跟紧自己的客人，随时提供服务。

（6）同组球童要有协作精神，合作、理解和互相帮助，如帮助 mark 球、扶旗、开车、铺沙等。

（7）在球场上如发生球车事故等意外，应第一时间与巡场或派发处取得联系。

（8）如身体不适，需换球童时，应与巡场员取得联系，在球童未来到之前应跟客人解释并坚持服务至替换球童到来。

（9）永远记住将球车停放在避车处，当球上果岭时，球车应尽量停靠在离球洞最近处。大多数时间要尽可能靠近球车道旁边，以免阻挡其他球车或车辆通行。

（10）当车停于球车道时，应尽量与球平行在一条线上，不可超过最后一个球的位置，防止客人的球打到球车。

（11）找球时间不可超过 3 分钟。

（12）球童一定通知好与前一组客人的安全距离。

（13）告诉客人旗杆的位置。

（14）熟悉球道的情况，如 OB、水障碍等与球场上的距离。

（15）上下车要快，不要让客人等，站在球车后架时要注意安全。

4. 球场推杆果岭标准及流程

（1）不要在果岭上跑动。球上果岭，应及时发现落点并进行修复。

（2）站立及走动时一定避开所有球洞的路线。

（3）为球做 mark 时，如果不可避免地走其他球的入洞路线，则必须大步跨过。

（4）mark 球时要把 mark 放在球后面并朝向球洞。

做 mark 时的标准动作：站在球与洞连接线和延长线正后方，面对旗杆，右手拿着 mark 伸直，身体直立蹲下，左膝弯成90°，右腿弯曲成跪地式，轻轻将 mark 放在果岭上，左手置于身后。将 mark 放在球身后 1 厘米处（不得碰到球），用右手拇指将 mark 按下，拿起球擦球，擦完球后把球放回原处。放球时，右手拇指、食指、中指夹着球，身体直立蹲下，左膝弯成 90°，右腿弯曲成跪地式，左手置于身后，将球的品牌、号码朝上，对着推杆线放置。此时，球的品牌、球洞、旗杆呈一直线。将 mark 轻挑出果岭，拿起 mark。

球 mark 好并捡起球后，立即把球清洁至最好状况。当轮到自己的客人推杆时，应随时准备把球放回原处。

（5）在判断果岭的轮廓和地形之后，可以将自己对果岭的判断和球的实际滚动结合起来，将此告诉客人，建议其在推杆过程中应注意的问题。

服务规范语言："×× 先生 / 小姐，您的球到球洞还有 × 码，球线是上 / 下坡，草是顺 / 逆，果岭速度快 / 慢。"根据服务经验准确分析客人的推击线路，并供客人参考。

（6）无论谁离旗杆最近，都有责任将旗杆或扶旗规范地拔出。

球童扶旗标准动作：两只手应将旗帜与旗杆一起握住，伸直手背，一手置于身后，竖立站直，面向推杆点推杆的客人，此时球、球洞、中心、旗杆成一直线。注意：自己的影子不要投射在推击线上，以免影响客人推球。在此组客人全部打完球后，由最后一个球童将旗杆插回。

（7）帮助客人决定先推离洞最远的球。

（8）球进洞后，应尽快拿出并立即清洁，交还给客人。

（9）帮助客人计算已得分数，提醒客人在下个发球台算分，而不是在果岭上算分，以免阻挡下一组客人。

（10）向后组球员致意。

当服务的此组客人打完此洞时，如果有后一组客人等候，插完旗后应举右手鞠躬向后一组的客人致意本组已经打完。

（11）到下一洞重复以上程序直至客人将球打完。

球场每一个洞的服务流程基本都是一样的，都要按照一定的礼仪规范进行。

5. 客人打完球后收尾工作

（1）客人完成最后一洞击球后，请其清点球包，确定球杆数量。

（2）提醒客人将贵重物品拿好，如手表、钱包等。

（3）询问客人是否存包。

① 长期存包。帮客人将球杆清洗干净后，与存包室进行物品清点交接。

② 临时存包。在出发台拿临时存包卡，与客人共同清点后并请其签名，然后将客人球包拿到存包室，与存包室工作人员交接。

③ 不存包。问清楚客人的车牌号码，快速将球杆用抹布擦净后，帮客人放入后备箱内。

（4）跟客人说："再见，服务不周，请您原谅，欢迎您下次光临。"

（5）清理垃圾，将球车清洗后归还。

6. 高尔夫球场安全意识

虽然高尔夫球运动是一项健康优雅的运动，但由于球场面积辽阔等原因，如果不留意，也有可能在球场发生安全事故。在打球过程中，球童应注意以下几个方面：

（1）高尔夫球飞行引起的安全事故

① 下场打球客人被同组、后组或其他组球员的球打到。

② 服务球童被打球客人的球打到。

③ 下场参观客人被球打到。

④ 球童之外的其他球场工作人员被球击到。

（2）挥杆造成的安全事故

① 同组客人及球童由于靠得太近，被正在打球的客人挥杆击伤。

② 热身未做完，导致韧带拉伤、扭伤等运动损伤。

③ 挥杆发力过猛导致球员出现运动损伤。

（3）驾驶、乘坐球车造成的安全事故

① 客人及工作人员驾驶球车不当或技术不过关造成撞车或人员受伤。

② 客人乘坐球车嬉戏玩乐，在转弯或下坡时被甩下球车。

③ 球童站立球车后踏板不规范或不正当操作造成撞车或人员受伤。

④ 球场工作人员驾驶球车速度过快造成撞车。

（4）天气原因造成的安全事故

① 天气过于闷热，球员或工作人员体质过差造成中暑。

② 雷雨天气造成室外球员及工作人员被雷击伤。

③ 大雾天气造成被后组球员误伤。

④ 连续雨天造成地面湿滑，球员及工作人员滑倒摔伤。

（5）球场环境造成的安全事故

如球员及球童在找球时被蛇、马蜂、蚂蚁等动物咬伤。

（6）其他人为因素造成的安全事故

① 球员或球童在湖边捞球不慎跌落湖里。

② 吸烟者烟头未灭，随地乱扔引起火灾。

③ 球员患有突发性疾病，如高血压、冠心病等，以致在比赛或运动中突发病情。

思考与实训

1. 简要描述高尔夫球球童的礼仪规范。

2. 简述高尔夫球球童日常行为标准。

3. 简述高尔夫球球车行车安全规范。

4. 高尔夫球球场球童的工作义务有哪些？

5. 高尔夫球球童分几个等级？简要描述评定标准。

6. 简要描述高尔夫球球童对客服务流程及规范。

第五章

高尔夫球赛事运营管理

本章导言

    高尔夫球俱乐部是高尔夫球赛事利益相关者之一。本章从高尔夫球俱乐部在赛事中的角色出发，阐述了高尔夫球俱乐部在不同高尔夫球赛事中的职责。从高尔夫球俱乐部的实际工作出发介绍了赛事策划的内容，赛事策划书的撰写，赛事营销；赛事的组织管理和赛事风险管理等内容。

学习目标

    1. 了解高尔夫球俱乐部在赛事中的角色和职责。

    2. 熟悉高尔夫球赛事策划书的主要内容，能够独立撰写高尔夫球赛事策划书。

    3. 掌握在高尔夫球赛事过程中赛前、赛中、赛后的主要工作，能够积极参与赛事的准备、操作、收尾工作。

    4. 熟悉高尔夫球赛事风险的管理过程、风险类别和控制方法，提高预防、解决赛事风险的能力。

第一节 高尔夫球俱乐部与高尔夫球赛事

现代高尔夫球赛事，尤其是职业高尔夫球赛事活动，是经济附加值高、社会关联度大、市场操作性强、专业化运作规范的体育竞赛活动。高尔夫球赛事运营管理包括项目构思、论证、实施、控制、评估等环节，需要合理配置人、财、物等资源。

一、高尔夫球俱乐部在高尔夫球赛事中的角色

高尔夫球俱乐部在高尔夫球赛事运营管理中起着至关重要的作用。俱乐部可以作为赛事主办方、承办方或协办方，角色不同，职责也不同。

（一）高尔夫球俱乐部作为赛事主办方

高尔夫球俱乐部作为高尔夫球赛事主办方举办的赛事，主要是高尔夫球俱乐部内部赛事，如俱乐部会员杯高尔夫球赛、俱乐部员工高尔夫球赛等。作为主办方，高尔夫球俱乐部负责整体统筹高尔夫球赛事，俱乐部各部门负责具体的实施操作。

赛事主办方的权利：

（1）拥有高尔夫球赛事主办权、比赛场地部分广告权以及全部电视转播权。

（2）根据赛事要求，负责组建赛事委员会等组织机构，负责整个比赛的筹备、组织与实施。

（3）拥有赛事标志、会徽、吉祥物等设计所产生的著作权的所有权。

（4）根据赛事宣传及推广需要，主办方有权组织和召开赛事新闻发布会，举办开、闭幕式和站点欢迎仪式。

（二）高尔夫球俱乐部作为赛事承办方

高尔夫球俱乐部作为高尔夫球赛事承办方，主要承接由国家体育总局、地方体育行政机构以及中国高尔夫球协会、地方高尔夫球协会等主办的高尔夫球赛事，如中国高尔夫球巡回赛、中国女子高尔夫球巡回赛、中国高尔夫球业余公开赛等。高尔夫球俱乐部应与赛事主办方共同建立赛事组委

会等组织机构，做好高尔夫球赛事的各项保障工作，负责赛事活动安全，对大型赛事活动进行风险评估，制定相关预案及安全工作方案，督促落实赛事工作中的各项具体措施。

赛事承办方的权利：

（1）依照主办方制定的相关条例组织管理比赛。

（2）根据赛事组委会的要求，执行赛事广告宣传推广工作。

（3）配合赛事组委会、赞助商、新闻媒体做好相关宣传推广工作。

（三）高尔夫球俱乐部作为赛事协办方

高尔夫球俱乐部作为赛事协办方，主要为赛事主办方及承办方提供比赛场地、球童、志愿者等方面的支持。

赛事协办方的权利：

（1）配合主办方和承办方完成相关工作。

（2）履行与主办方、承办方签署的相关协议的权利与义务。

二、高尔夫球俱乐部在赛事中的职责

为确保赛事工作的顺利进行，应根据高尔夫球俱乐部所担任的赛事角色，明确岗位职责。

（一）高尔夫球俱乐部作为赛事主办方的职责

主办方负责领导、协调和监督竞赛管理工作。一般主办方的竞赛管理职责包括但不限于：

（1）制定和解释竞赛规程总则。

（2）确定竞赛的起止时间和开、闭幕式时间。

（3）审定竞赛日程和竞赛编排方案、抽签办法、训练日程。

（4）审定竞赛总秩序册。

（5）审定与竞赛相关的重要活动的方案及日程安排。

（6）提出竞赛场馆及设备、器材的规格、标准和数量等要求。

（7）审定竞赛场地、器材、计时与记分系统和设备。

（8）检查和验收球场情况。

（9）组织运动员报名、注册，审定运动员资格。

（10）审定竞赛重要技术官员人选，包括裁判长、副裁判长等。

（11）审定竞赛成绩公报方案。

（12）审定颁奖工作方案。

（13）建立仲裁委员会，处理竞赛争议问题。

（14）检查竞赛的试运转、测试赛。

（15）检查赛事各项筹备工作进度，向承办方和协办方提供竞赛有关的指导与支持。

（二）高尔夫球俱乐部作为赛事承办方的职责

高尔夫球俱乐部作为承办方是在主办方领导下负责竞赛管理工作的计划、筹备和实施。一般而言，承办单位的竞赛管理职责包括但不限于：

（1）按照主办方提供的竞赛工作进度，安排开展工作。

（2）制定和竞赛相关的总体方案，报主办方审批。

（3）制定竞赛、训练编排方案，报主办方审批。

（4）制定竞赛秩序册、成绩册清样，报主办方审批。

（5）制定成绩公报方案，报主办方审批。

（6）制定颁奖工作方案，报主办方审批。

（7）制定与竞赛相关的其他重大活动方案与日程安排，报主办方审批。

（8）根据主办方提出的规格、标准、数量和要求，提供竞赛、训练场馆及设备与器材。

（9）收集、整理、编印球场指南及其他有关竞赛信息，提供给主办方。

（10）协助主办方做好运动员报名、注册及资格审定工作。

（11）选派和培训辅助裁判员。

（12）根据竞赛情况，建立竞赛委员会，执行具体竞赛管理工作。

（13）对竞赛管理相关工作人员进行培训。

（14）组织竞赛的试运转、测试赛。

（15）建立竞赛现场指挥系统，负责竞赛现场组织。

（16）为赛事运作的其他系统提供竞赛信息采集和传递服务。

（17）提供竞赛管理的工作报告及总结。

（三）高尔夫球俱乐部作为赛事协办方的职责

高尔夫球俱乐部作为协办方，为赛事提供场地和相关人员服务，具体由高尔夫球俱乐部的相关部门承担具体工作。一般而言，协办单位的竞赛管理职责包括但不限于：

1. 出发台

出发台需配备不少于两名工作人员，如有外籍球员参赛，其中一名工作人员需能用英语进行日常交流。出发台主要负责如下工作：

（1）球员签到登记。通过球员签到实时派发球童，不包括自带球童及预约球童。通过登记，还可掌握球员实到情况。

（2）球童背心发放及回收。球童背心由赛事组委会提供给出发台，由出发台负责派发给球童并于赛事结束后回收。若球场实时安排球童，则球童背心须在比赛当天发放，球童背心须按赛事组委会制定的出发表进行排列；若球场按出发表提前分配好球童，则球童背心可提前发放，而不必放于出发台发放。对于自带球童及预约球童的背心，可请他们自行保管，待比赛结束后归还。

（3）球童安排。保证球员到场签到后，有球童及时服务。避免球员等球童的情况发生，更要杜绝因球童迟到而导致球员迟到的情况出现。

（4）派送水。正式比赛期间，球场每隔三洞将设置派水点。赛事组委会负责购置水，出发台负责每天派送水，派送须在每轮比赛第一组球员开球前完成。出发台应负责补给水及每轮比赛结束后回收水。若比赛期间温度较高，则赛事组委会负责购置冰块，由出发台负责运送到派水点。

2. 球童部

球童直接服务球员，其服务质量直接影响球员对赛事的评价，因此球场须在赛前对球童进行礼仪、规则、语言等方面的培训。赛事组委会也会对球童部进行指导，并安排裁判长对球童做更加深入、专业的培训。当记分人员不够时，球童将暂时担任记分员。

3. 接包处及存包室

接包处确保球员球包接送畅顺，避免球员因等待球包而比赛迟到。球包存放室须保持干净、干燥及安全，避免在存包室发生球包或球具被盗、破损等情况。

4. 球车部

赛事期间，赛事组委会派专人负责球车发放，并制定球车领用表。球车部负责人根据球车领用表进行球车的发放及登记。球车部负责球车的充电、清洗。

5. 巡场员

赛事期间，因裁判数量有限，球场的巡场员会被安排担任观察员。当球员发生规则争议时，可通过巡场员联系裁判。巡场员发现球场上有堵塞情况时，第一时间用对讲机通知裁判，以保证比赛的畅通。赛事组委会在赛前会安排裁判对巡场员进行培训。

6. 练习场

练习场负责向球员提供安静的练习环境，保证练习球的供给，提供真草打位。若有赞助商提供练习球，则赛事组委会将提前一天将练习球交练习场，练习场需每天回收球，以便循环利用；练习场每天要对球进行清点，若练习球流失严重，则要求球场提供一定的赔偿。

7. 前台

前台负责消费卡发放、更衣柜钥匙发放、费用结算等工作。如遇有外籍球员参加的比赛，前台人员须提前进行外语培训。赛事期间，赛事组委会将赛事相关信息文件交前台，以便球员咨询。

8. 餐饮部

餐饮部应确保为赛事提供新鲜、安全的食材，就餐位置充足，菜品应多样以满足广大球员的需求。

9. 更衣室

须在赛前一天清理干净更衣室，确保一人一柜。更衣室内要保证毛巾、饮用水供给充足。

10. 综合部

综合部主要负责赛事工作室的布置、志愿者休息区布置、球场物资的调配等。视情况适当增加赛事组委会办公室、媒体工作室、裁判员办公室等。赛事组委会须提前把赛事工作室、志愿者休息区的布置要求交给综合部，综合部须在赛前一周布置完毕。

11. 草坪部

草坪部主要负责赛前根据赛事要求做好草坪养护工作并根据裁判提供的洞位图更换洞杯（图 5-1），更换洞杯工作须在比赛开始前 15 分钟完成。正式比赛期间，草坪部应在比赛开始前完成球场剪草等工作，避免因作业带来的嘈杂声影响球员比赛。

图 5-1 草坪部赛前更换球洞洞杯

12. 保安部

保安部负责维护球场秩序，避免闲杂人员进入比赛场地影响球员。同时，防止因观众的过激行为而伤害到球员。

第二节 高尔夫球赛事策划与营销

一、高尔夫球赛事策划

高尔夫球赛事策划是高尔夫球俱乐部经营者根据高尔夫球俱乐部的发展战略以及高尔夫球赛事经营管理目标和基本要求所进行的高尔夫球赛事筹办、竞赛资源销售竞赛实施和评价过程的规划和管理。

（一）高尔夫球赛事策划的内容

高尔夫球赛事策划以具体的高尔夫球赛事活动内容为对象，体现出一定的社会性、经济性、时效性、创造性和超前性。高尔夫球赛事的策划主要包括赛事主题选择、赛事市场调研、赛事计划制订、赛事组织实施和赛事总结与评估 5 个主要部分。

1. 赛事主题选择

选定赛事主题是赛事策划过程中的一项重要工作。赛事主题是赛事主办方希望通过赛事宣传、展示，实现某一特定的目标或结果。高尔夫球赛事的主题可以根据主办方的意志、目的或赛事标准来确定，在确定赛事主题时，应当考虑如下几个因素：

（1）赛事的价值及发展潜力。该赛事是否能引起人们的关注，是否具有市场开发的潜力及价值，综合效益如何。

（2）赛事时机。举办该主题赛事市场条件是否成熟，赛事准备时间是否充足，举办时间是否有"撞车"可能，赛事期间的气候如何。

（3）赛事主办方的能力、目标、资源。分析赛事主办方现有资源、潜在资源，以及其对未来赛事的组织管理、风险控制能力如何等。

（4）专家意见。高尔夫球赛事是一种专门的体育竞技活动，活动的举办也需要高尔夫球行业的专家参与，根据赛事活动对行业及社会的影响程度，有必要向中国高尔夫球协会、当地政府、法律专家、球员等咨询相关问题。

2. 赛事市场调研

需求是项目产生的基本前提，因此，该阶段以识别市场需求为目的，以便针对需求确定赛事项目的主题。高尔夫球赛事市场调研的对象主要包括两类，即参赛市场和观赛市场，具体内容如下：

（1）参赛市场的调研。包括具有参赛需求的运动员类型，某类选手的参赛需求规模，国际、国内、周边地区同类项目的举办情况以及本地区举办该主题赛事的资源优势等。

（2）观赛市场的调研。包括拟参赛选手的吸引力，以市场需求规模为核心的客源市场的观赛优势等。

3. 赛事计划制订

一般来说，制订一个高尔夫球赛事计划包括以下 4 个方面内容：

（1）明确赛事目标。这是制订赛事计划的第一步。赛事实施是追求目标的过程。赛事目标不仅要在赛事主办方与客户之间达成一致，而且必须明确、具体、切实可行。

（2）确定赛事范围。根据赛事目标，赛事主办方应在赛事计划中明确完成目标的范围或工作任务。

（3）估算赛事活动时间。为了确保赛事以合理的进度执行，使主办方和客户在有限的成本约束下发挥最大的时间效率，赛事主办方需要科学估算承办赛事可能需要的时间，这是赛事计划中不可或缺的内容。

（4）编制赛事预算。赛事预算是赛事执行的尺度，也是成本控制的有效手段。赛事机构应该根据赛事范围，配置人、财、物等资源，并进行合理的总体预算与分项预算。

4. 赛事组织实施

高尔夫球赛事组织实施是赛事流程中的关键环节，在组织实施过程中，涉及以下几项内容：

（1）时间安排。时间安排主要包括赛事日程安排，开球仪式时间安排，颁奖程序等。具体包括参赛报名时间、新闻发布会时间、广告宣传发布时间、比赛日期、赛程、分组赛事时间、分站赛事时间、总决赛时间。

（2）地点安排。赛事地点要考虑场地设施、服务是否符合赛事规格和要求，配套设施是否齐全，交通是否便利，以及周围环境条件等因素。若有分站赛事，更要做好周全的安排。

（3）人员安排。人员主要包括比赛选手、嘉宾、工作人员、记者、观众等。既要安排好这些人的活动、食宿、交通、观光等，也要做好他们的安全保卫工作。

（4）宣传安排。赛事主办方要主动与选手沟通，在比赛开始前的相当长一段时间要通过各种方式向他们宣传赛事，甚至可以邀请选手参与比赛准备工作，以调动他们的积极性。

（5）费用安排。在赛事组织实施中，俱乐部财务部要有对赛事全局活动资金运作的全盘概念，做好赛事的各项收支工作，做到收支分离，对超预算的项目要把关，要向主办方负责，力争赛事运作的效益最大化。

（6）特别事项安排。特别事项的准备工作应该提前完成。特别事项包括奖金分配、个人单项奖等，如最远距离奖、最近洞奖。赛事主办方要确保拥有这些相关配备及人力资源，如确保奖品完好，这些会影响赛事的服务与质量。

（7）特别活动安排。赛事主办方要设置一些特别的赛事活动及协调办公场所，用于应对赛事的各项活动及工作安排。赛事特别活动安排有以下几个场所：① 签到处；② 积分榜；③ 记分卡回收处；④ 奖品存放处；⑤ 高尔夫球车停放处；⑥ 比赛咨询处；⑦ 球员集中处。

5. 赛事总结与评估

赛事执行阶段的结束，并不意味着赛事管理活动的结束，因为还要进行赛事总结与评估工作。赛事总结与评估具体包括以下三个方面的内容：

（1）赛后总结。在赛事执行工作完成后，赛事主办方需要进行赛事执行情况汇报、赛事工作团队人员的绩效评估以及赛事成功举办的经验总结或存在问题的分析与总结。这可以为以后的赛事组织管理提供借鉴和参考。

（2）赛事效益评估。赛事效益可分为直接或间接的经济效益以及社会效益。直接的经济效益是指赛事组织过程中的参赛费用、赞助、门票等的经济收入，间接的经济效益是指赛事所带来的广告收入及餐饮、交通、住宿收入等。社会效益是指赛事双方以及赛事所在地获得的社会影响和示范效应。

（3）赛事信息反馈。赛事组织者要与参赛选手进行交流，也需要请专业人士对赛事的各项工作进行分析、评估，收集反馈意见，为今后赛事的组织提供参考及依据，从而不断提高赛事的效益、影响力及质量。

（二）高尔夫球赛事策划书的撰写

高尔夫球赛事策划书撰写的主要要求包括：主题鲜明，语言简明扼要，句序合理、逻辑性强，具有较强的可操作性。用照片、图表、模型等形式可以增强策划方案的创意效果。具体而言，高尔夫球赛事策划书的主要内容如下：

1. 封面

封面应包括赛事策划主办单位、赛事策划组人员、赛事日期、赛事编号。

2. 序文

序文主要阐述此次赛事策划的目的、主要构思、赛事策划的主体层次等。

3. 目录

目录主要展示赛事策划书内部的层次分布，清楚地列出框架。

4. 内容

内容是指赛事策划的具体内容。要求方法科学合理，层次清晰，表述清楚，数字准确。

5. 预算

将赛事项目预算在策划书中体现，以便更好地指导赛事项目的开展。

6. 赛事策划进度表

赛事策划进度表包括赛事策划部门设计的时间安排以及赛事项目本身进展的阶段进度，时间表要具有可操作性。

7. 赛事策划书的相关参考资料

策划书的相关参考资料应标注清楚，以便查阅。

案例：高尔夫球赛事策划方案

二、高尔夫球赛事营销

高尔夫球赛事营销主要是指通过产品策略、价格策略、分销策略和促销策略等营销方式的制定、实施及运用，实现高尔夫球赛事及其衍生产品的商业价值，从而满足高尔夫球赛事价值补偿以及盈利的需要。

（一）高尔夫球赛事营销的内容

高尔夫球赛事的营销是以赛事为载体，通过满足赛事利益相关者的需要，实现赛事的经济及社会效益。高尔夫球赛事营销的主要内容包括以下几个方面：

（1）向广大高尔夫职业球员介绍赛事，吸引更高水平的球员参加比赛。

（2）吸引国内外媒体跟踪报道赛事。

（3）吸引公众前来观看比赛或者关注赛事报道。

（4）与政府部门进行沟通，以获得政府对赛事强有力的支持。

（5）寻求企业及其他团体、个人对赛事的赞助、捐赠与支持。

（6）寻求能为赛事提供各种高效、专业化产品与服务的供应商。

（7）开发赛事电视转播权。

（二）高尔夫球赛事营销的对象

根据高尔夫球赛事营销的主要内容，营销对象主要包括以下六类：

1. 高尔夫职业球员

高尔夫职业球员是赛事的主要参与者，他们的表现为比赛带来了视觉刺激和精神娱乐，他们是赛事的重要主体之一。吸引高水平运动员参加比赛能够提升赛事的档次和水平，从而引起更多人的关注。

2. 观众

观众既包括现场观众，也包括通过电视等媒体观看比赛的观众。可以通过邮寄宣传品或媒体等进行宣传，扩大赛事的受众群体。观看高尔夫球比赛的观众是赛事营销的主要目标。

3. 媒体

媒体是赛事宣传工作需要借助的强有力的工具，要正确认识赛事运作与媒体是合作共赢的关系，处理好赛事与媒体的关系。赛事主办方也可以视赛事的情况选择特定的媒体作为合作者。

4. 政府

政府是非常重要的资源，需要进行详细的策划，应主动争取这一资源。通过向政府宣传举办赛事能够为举办地带来的收益，最终引起政府关注，获得政策支持，得到政府相关部门的协助，扩大赛事影响力，使更多民众关注赛事，进而提升赛事价值。

5. 赞助商

赞助商的选择和谈判是赛事营销中最为重要的一个环节。吸引不同的赞助商是赛事营销最为重要的目标，也是赛事筹集足够资金、创造赛事经济效益的关键。要进行详细的赛事整体策划，寻找赞助商与赛事的契合点，实现赛事承办单位与赞助商的双赢。

6. 供应商

高尔夫球赛事是一项系统工程，工作量大、涉及面广、专业性强、时限性高，单凭承办方一己之力很难保证赛事的成功举办，也不利于运作成本的控制和效率的提高。因此，需要专业供应商的支持，如旅游、餐饮、住宿、礼仪等由专门的公司来协助与合作，不仅分担了赛事运作管理的压力，也整合了当地资源，提高了赛事质量。因此，专业供应商也是赛事营销的重要对象。

（三）高尔夫球赛事营销的特点

1. 赛事专业性强

高尔夫球赛事对主办方、承办方、协办方、参赛选手等都有较高的专业要求。主办方、承办方、协办方是否承担过类似的赛事，主办方、承办方、协办方的能力、声望以及赛事场地的条件等都会对赛事营销带来很大的影响。同时，高尔夫球赛事项目对赛事工作人员的专业技术都有一定的要求。

2. 赛事品牌与产品服务完美结合

高尔夫球运动健康、积极、向上的精神影响着每一位参与者，回归自然、享受运动、享受生活，使客户追求与产品服务完美结合。高尔夫球赛事的规模、级别以及赛事的品牌效应等对高尔夫球赛事的营销都有重要影响。

3. 赛事营销对象独特

高尔夫球运动有其特殊的运动消费群体，这使得高尔夫球赛事营销对象明确、有针对性。这些特殊的目标客户群体通过亲临赛事，将加强对企业文化和产品的体验及认知，提高企业品牌、产品的美誉度。将赛事与企业品牌推广紧密结合是一种很好的营销方式，容易获得社会和市场的认同，从而达到品牌推广和市场营销的目的。

4. 球星效应显著

高尔夫球赛事的参赛选手对高尔夫球赛事的营销同样有着极为重要的影响。高尔夫球赛事如果有顶尖球员参赛，将对赛事营销带来积极影响。例如，有高尔夫球名人泰格·伍兹在球场上，比赛收视率会上升，企业及产业的曝光度与知名度也随之提高。

（四）高尔夫球赛事营销方式

高尔夫球赛事的运作需要选择适宜的营销方式，并以灵活的组合方式运作。影响营销方式的因素有：赛事营销的预算、赛事营销对象的特征、赛事营销时间的跨度、赛事营销范围的广度等。因此，在选择和制定营销方案时，应吸取和借鉴其他赛事的经验，从赛事的实际情况出发，充分调查研究，勇于创新和尝试。

1. 俱乐部自身宣传资源

（1）赛事官方网站。赛事官方网站是大众了解赛事的重要窗口。利用赛事官方网站发布赛事招商信息，及时更新赛事消息，适当转载国内外高尔夫球赛事的新闻，丰富网站内容，增强可浏览性。

（2）赛事宣传片。赛事宣传片主要有三种：一是电视广告片，用于赛事招商和广告推广；二是招商宣传片，针对招商制作；三是赛事专题或精华片，用于吸引观众关注。

（3）赛事画册。赛事画册主要有三种：一是赛事海报，是赛事对外宣传的统一形象；二是招商手册，是对赛事概况、特点、赞助要求、回报细则等内容的详细介绍；三是赛事秩序手册，是在赛事现场提供给所有到场人员的赛事指南，包括赛事简介、主办与承办单位介绍、赛事日程安排、主要球员介绍、主要赞助商介绍等。

2. 与媒体合作

通过媒体宣传是赛事营销的一种方式。与媒体建立良好的关系，充分考虑媒体的需求，提供具有媒体宣传价值的事件，吸引媒体关注并报道，从而发挥媒体在赛事中的作用。与媒体合作宣传的过程中，在不同的阶段应宣传不同的重点，采取不同的策略，以达到各阶段的宣传目的。

3. 借助专业代理机构

高尔夫球赛事营销工作一般由赛事运作管理公司独立完成，但在市场经济社会中，从事高尔夫球赛事营销工作的除了赛事运作管理公司，还有各种专业的广告公司、公关公司、体育赛事推广机构、球星经纪人等，它们被称为赛事市场营销的代理机构。高尔夫球赛事要取得突破，应借助专业代理机构。专业代理机构推销能力强，具有专业的营销水准。充分发挥代理机构的作用，可以更好地推动高尔夫球赛事商业运作的发展。

第三节　高尔夫球赛事组织管理

一、高尔夫球赛赛前组织管理

（一）场地勘察

由于高尔夫球赛事本身存在赛事级别和参赛选手水平的差异性，需要对比赛场地进行有针对性的勘察与评估，在赛事主办方的监督与指导下，进行相应的调整以确保实现赛事的挑战性和公平性。

1. 距离勘测

距离勘测是指在高尔夫球赛事举办之前，对球场上每一条球道的长度进行测量与评估。比赛时并非都使用距离果岭最远的发球台，应充分考虑实地的球道地形、自然环境和气候可能给参赛选手带来的影响。要根据参赛选手的平均击球距离和击球攻略等因素，进行合理调整，确定发球台的定位。

2. 球道勘察

球道勘察是指严格按照赛事组织机构的要求，对每一条球道上的草坪高度、密度、落球区域和障碍区进行严格的实地勘察和综合评估。球道上的障碍设置是否合适，能够起到障碍功效，能否给选手带来充分的挑战，在评估此项时也须充分考虑并进行综合评估。同时，落球区的宽度也将决定参赛选手击球攻略。要想提高赛事的挑战性，进行合理的调整以满足参赛选手的要求，可以通过赛前的草坪维护作业得以实现。

3. 特殊区勘察

特殊区勘察是指评估特殊区域状况是否符合赛事的要求，其所处位置是否合理并具有一定的挑战性。例如，罚杆区增设、沙坑的状况、沙坑边缘的草坪修剪以及长草区域的修剪界定，花圃的植物选择和色彩搭配等，这些不仅是为了满足赛事的挑战性，同时还考虑赛事的转播效果。

4. 果岭勘察

果岭勘察主要是指评估果岭的草坪质量、速度以及坡度。在勘测时寻找能够满足赛事要求的果岭停球区域和洞杯设置位置，同时，还需选择电视转播机位。

（二）草坪养护

1. 草坪养护计划

赛前要根据实地勘察结果，拟定合理的草坪养护计划，应同时进行相应的赛事场地调整与改建工作。赛前，球场的草坪总监根据专业机构的建议和要求拟定详细的草坪养护计划，在此计划中不仅包括详尽的养护作业内容，还应包含养护的预算费用与草坪机械设备。

2. 草坪养护作业

草坪养护作业主要包括赛前草坪养护和赛程中的草坪养护。赛前，应根据草坪养护计划，进行细致的养护作业，如草种交播、补播、打孔、铺沙、施肥以及发球台、球道和果岭的修剪方式和修剪高度等。同时其他一些与赛事相关设施的维护也是准备工作内容，如球员的推杆练习区、沙坑杆练习区、切杆果岭练习区以及挥杆练习区的打位设置等，这些也是成功举办赛事的保障。赛程中的草坪养护主要集中在草坪的修剪方面。场地各区域草坪的修剪高度也应严格按照高尔夫球赛事的标准，注重细节，尽可能满足赛事要求。同时，应充分考虑草坪修剪纹路的细节，力求达到最佳的赛事转播效果。赛程中草坪养护与日常的养护是有所区别的，平时，俱乐部管理者会要求球童将选手打起的草皮复位并铺沙进行养护，但在高尔夫球赛中却不要求将草皮复位，只铺沙即可。这是因为选手如果在复位的草皮上击球会导致球员对场地状况的判断不准确而影响击球效果。

3. 草坪机械设备与员工培训

完备的草坪机械设备是高质量赛事草坪养护的基础和前提。草坪设备机械师必须严格根据草坪总监所制订的养护计划进行设备调试，以确保达到不同区域草坪修剪的标准高度。与此同时，草坪维护人员的专业技能也是关键。因此，需加强对草坪维护人员的培训，使他们能够熟练地操作机械设备，杜绝操作的失误，严格按照赛事草坪养护计划认真执行作业，这也是创造高水准专业比赛场地的前提。

（三）沟通与协调

在赛前，与赛事机构保持顺畅、有效的信息沟通是非常必要的。这样可以在专业赛事机构的指导下，实现专业场地的标准养护。所以，要在实际的养护过程中解决问题，确保比赛场地在限定的时间内达到专业赛事的标准要求。

二、高尔夫球赛赛中组织管理

高尔夫球竞赛的组织与管理是一项涉及诸多因素相互作用与影响的系统工程。高尔夫球俱乐部在赛事组织实施过程中，涉及以下几项内容：

（一）赛事项目控制

赛事项目控制是通过信息收集，判断和监督赛事执行过程的一项持续性工作。实施赛事控制是规范赛事项目运行，保证赛事计划按照既定目标和预算执行的有效手段。一般而言，赛事控制包括以下两方面内容：

1. 赛事项目任务监控

为了使赛事项目顺利实施，首先应该对赛事涉及的各项工作任务进行实时监控，及时发现问题、寻找差距，以便及时调整，始终保持赛事项目执行的正确方向。赛事无论大小，都应该监控以下内容：当前赛事计划的完成情况；已完成工作任务的质量；赛事团队成员之间的沟通、协作水平；赛事项目场地的运作和有关设施的使用情况等。

2. 赛事项目成本控制

赛事项目成本控制是赛事控制的核心，也是一个持续的过程。成本一旦失控就难以在预算内完成赛事项目任务。因此，赛事主办方应该建立健全、严谨的财务制度，在赛事执行过程中进行预算和成本控制。赛事成本控制的关键在于成本绩效分析的及时性，即将已完成工作任务的实际成本和该项任务完成的预算成本相比较，尽早发现实际成本和预算成本之间的差异。

（二）赛事项目调整

赛事项目总是处于一个变化的环境中，通过赛事控制会发现赛事实际执行过程与计划任务之间会不可避免地存在偏差。可以从以下三方面调整赛事项目。

1. 赛事项目人员的调整

由于赛事项目组织的变化以及赛事人员的个人原因，都会引起赛事团队人员的变更，如领导职务变动、新人接手、员工病假等，这时应及时对赛事人员进行调整。

2. 赛事项目预算的调整

如果赛事项目规模没有得到有效估算，可能会导致赛事预算产生偏差，即对人、财、物等资源的配置不合理。赛事预算的调整同样应从人、财、物三个方面展开，关键在于寻求一切使成本最小化的方法，避免因调整造成赛事执行的资金瓶颈。

3. 赛事项目目标的调整

随着赛事项目的不断推进，赛事客户（包括参赛选手与观众）越来越清楚地认识到一些在赛事初期未能认识到的问题，因而不断产生一些新的需求，这时赛事主办方需要及时调整赛事目标，尽可能多地满足这些需求。调整赛事目标要注意两点：一是同客户积极地沟通、协调，及时把握新的需求动向，并在目标上达成一致；二是充分考虑赛事成本预算，尽可能在成本控制下完成赛事目标的调整。

（三）人员管理

赛事项目所需人员众多，俱乐部需要进行合理、有效的人员安排，以达到资源的最优配置。配备人员的总体要求是：从高尔夫球赛事目标任务出发，同时考虑需要与可能，精简高效，配备人员既要保证数量又要保证质量。

1. 球童管理

球童部是赛事运转过程中的重要部门，除了为选手提供球童服务，还需要在发球台、果岭、长洞中间和重要的路口安排人员从事现场秩序维护和记分、报分工作。球童部应根据具体的工作任务、工作内容和工作量配足配齐球童。

2. 工作人员管理

工作人员主要包括三类：一是部门联络者或负责人如赛事运营总监、媒体部总监，应具备相应的专业知识和技能，具有优秀的组织、协调和沟通能力；二是协助赛事管理者完成赛事各项目标的专业工作人员，如场地设置员、巡场员等；三是高尔夫球赛事组织及服务部门工作的、从事一般性操作和执行的工作人员，如场地工作人员、机动人员、勤杂人员等。

3. 观众管理

高尔夫球赛事的消费者，在这里主要是指赛事的现场观众。特别是在一些规格较高、影响力较大的赛事现场，往往会有大量的观众聚集，如果不能很好地控制赛场秩序，很容易发生事故。

入场管理：在高尔夫球赛事中，球场周边应规划出充足的停车场地。赛事组织方可以在市区主要站点安排大巴定时接送观众，以缓解俱乐部附近的交通压力。另外，还应有人员专门引导观众停车及入场，避免发生拥挤和交通堵塞。

场内管理：赛场球道周边要做好隔离，安排足够的人员维持赛场秩序，引导观众行进，排除影响比赛的一切因素。

离场管理：赛事结束后，可能会有大批观众同时离场，人员和车辆往往会比入场时更加拥挤和混乱，此时更应该加强人流、车流的引导和控制，防止拥堵。

（四）总体指挥

总体指挥是对高尔夫球赛事项目运行全过程的各项具体工作环节进行指导，正确有效的总体指挥对赛事运行具有重要作用。实现有效的赛事总体指挥，必须建立强有力的专业高尔夫球赛事项目指挥系统和信息网络系统，此外，赛事组织者要确切地了解赛事运动环境，只有这样才能做到胸有成竹。

三、高尔夫球赛赛后组织管理

赛后组织管理工作的主要内容包括赛后总结、赛事评估和收尾工作。

（一）赛后总结

赛后总结工作属于赛事组织管理过程的工作内容，是承上启下的环节。总结的主要意义在于肯定成绩、查找问题、汲取经验，为以后的赛事工作提供借鉴。赛后总结包括总结工作和总结报告。

1. 总结工作

总结需要有相应计划和安排，应该在制订赛事工作计划时一并考虑。总结工作要有专人负责，重点是根据管理需要确定总结内容和方式，督促当事人做好收集、整理、编写工作，并控制好进度和质量。

总结工作需要注意在赛事的进行过程中随时收集、记录、统计有关资料和数据，抓紧在赛事闭幕后到赛事收尾工作结束前完成总结。

无论提交书面工作总结还是口头汇报工作情况，总结内容应重点突出、简明扼要。起草工作总结时，需要注意内外有区别。对内的工作总结要全面、具体，以便发现问题改进工作；对外的工作总结要注意内容的选择，做好保密工作。

2. 总结报告

总结报告是全面地、系统地、综合地反映赛事整体和各个部门、各个阶段的工作效果及建议的书面材料。赛事总结报告的内容主要包括赛事概况、球场设施、组织运行、赛事成果等情况。

（1）赛事概况。赛事概况主要包括赛会名称、日期、地点、性质、规模、比赛项目、整体效果等。

（2）球场设施情况。球场设施情况包括球场地理位置、球道总长、球场草坪状况、球车数量等情况。

（3）组织运行情况。赛事组织管理工作包括竞赛组织、新闻宣传、技术服务、外事接待、安全保卫、交通管理、后勤工作、工作人员的素质及表现等。

（4）赛事成果。赛事成果包括赛事取得的社会效益、经济效益等。

（5）经验教训。通过摆成绩、找问题、谈体会，总结归纳成功的经验和存在的不足。

（二）赛事评估

赛事评估是指对已经结束的赛事进行系统、客观的分析。通过对赛事活动的回顾总结，衡量赛事预期的目标是否达到，主要任务是否完成，效益指标是否实现。通过及时有效的信息反馈，为以后赛事组织工作提供宝贵的经验。

1. 赛事经济效益评估

赛事的经济效益可以分为直接经济效益和间接经济效益。

（1）直接经济效益。可以用举办赛事的投入与收入的比值来表示。投入越小，取得的收益越大，经济效益就越高，反之，经济效益则越低。举办大型赛事的投资一般有两方面，一是直接赛事投资，包括场地器材的购置和损耗，住宿费和伙食补贴，交通和安保费用，广告宣传等费用；二是场馆、设施建设的投资。计算效益通常以直接赛事投资为准。收入一般包括赞助费、广告费、门票收入、电视转播费等。

（2）间接经济效益。主要指赛事对举办地的经济影响。由于经营者和相关赞助企业都获得了良好的经济效益，因此赛事对社会、经济影响的评估备受关注，成为赛后组织管理的重要内容。评估赛事对举办地的经济影响主要是通过赛事的性质、波及能力、外来观众的消费和消费流失等方面进行。

2. 赛事社会效益评估

评估赛事社会效益主要有两个方面，即赛事受社会关注的程度和赛事对社会心理影响的程度。

（1）社会关注程度的评估。社会关注的内容包括赛事的申办、筹办、举办等情况，尤其是开、闭幕式和选手成绩及名次等。赛事的社会关注程度主要取决于宣传和评论。宣传的平台主要包括广播、电视、报纸、杂志、新媒体、新闻发布会和音像制品等。评估赛事社会关注程度的主要指标包括媒体的种类、媒体动员量、媒体的覆盖面、发行量、新闻发布会次数以及媒介报道次数、文字量和持续时间等。

（2）社会心理影响的评估。赛事对社会心理的影响主要有赛事导致的社会风气、大众行为举止、社会凝聚力、对未来的期望和信心等方面的变化。赛事对社会心理影响的评估指标主要包括社会凝聚力、民众的自豪感、公众对未来的信心、社会的文明规范、民众的法律和竞争意识等。评估的方法主要是通过对上述内容设计相应的调查问卷，于赛事前后分别向举办城市及相关地区的居民进行口头调查或问卷调查。然后，对大量的资料数据统计处理，进行赛事前后的数据对比和往届赛事的资料综合分析，以此评估本届赛事对社会心理的影响程度。

（三）收尾工作

赛事结束后，要认真做好收尾工作。主要包括办理参赛队离会的各种手续；及时处理比赛的场地、器材、服装、用具等物资设备；做好财务决算工作；汇编、分发比赛成绩册和其他技术资料；移交、整理有关文档资料；向新闻单位发布赛事的有关信息；搞好评比、表彰工作；妥善安置工作人员等。

第四节　高尔夫球赛事风险管理

风险是指某一行动的结果所具有的不确定性，具体说来，风险具有以下特征：第一，潜伏性和意外性，即风险的出现是不确定的、随机的，人们可以预见其可能的状态，但不能完全避免，而且风险一旦发生，人们作出反应的时间十分紧迫，一旦延迟将可能导致严重后果。第二，风险的产生具有涟漪效应，即风险一旦发生有可能引起其他危机。高尔夫球赛事风险是指为实现高尔夫球赛事项目目标的活动或事件的不确定性和可能发生的危险。

一、高尔夫球赛事风险概述

风险管理过程就是风险管理所采用的程序，一般有若干个主要阶段组成。风险管理主要阶段一般包括风险识别、风险分析、风险计划、风险跟踪、风险控制和风险管理沟通等环节。

高尔夫球赛事存在各种不确定因素，有的可以控制或有限控制，有的可能无法控制，这些不确定因素给高尔夫球赛事活动的组织者和经营者带来风险。这些风险可能是运作层面上的或者经验层面上的，也有内部的或外部的。运作方面的风险主要有市场风险、经营风险、财务风险和合作风险等。赛事组织管理者需要做的是风险预制、风险评估和风险管理，通过对各种风险的预测、评估，采取相应措施和对策，尽量规避、降低成本消除可能遇到的风险。外部风险因素有不可抗力因素风险，如台风、暴雨、高传染性疾病等。外部风险因素有人为因素，如球星缺席、管理失当、球童罢工，观众、球迷闹事，恐怖袭击。

2016 年里约热内卢奥运会上，阔别奥运舞台 112 年的高尔夫球项目回归奥运舞台。但是，几位著名的高尔夫球员宣布放弃参加奥运会。澳大利亚高尔夫球员简森·戴伊宣布，由于担心受到塞卡病毒感染，他选择不参加里约热内卢奥运会，称自己不愿意让妻子和家庭冒险。世界排名前四的高尔夫球员均表示不去参赛。

二、高尔夫球赛事风险管理过程

风险的发生大致可分为三个阶段，即潜伏期、爆发期、扩放期。风险管理具有不确定性、应急性和预防性三大特征。风险管理着重于防患未然，要求高尔夫球赛事组织管理机构在赛前建立风险预警系统及风险控制机制，强化风险危机意识，将风险降到零，做到防微杜渐。因此，高尔夫球赛事组织管理机构需要做好风险预测、风险评估和风险管理三个方面的工作。在充分做好风险预测、风险评估的基础上，风险管理控制的首要大事就是制定好应急措施。高尔夫球赛事管理是一种动态管理，因此，高尔夫球赛事组织管理机构在赛前须制定好应付各种风险的应急措施，并根据环境变化及时调整。这些应体现在高尔夫球赛事计划中，如果计划准确、专业，那么在处理这些变化时，可以把风险带来的负面影响降到最低。

一般而言，高尔夫球赛事的风险管理通常分为以下三个过程：

1. 预先防范——高尔夫球赛事前的准备

预先防范是指在决策实施前，便充分做好各方面的准备工作，以保证决策及计划顺利进行。预先防范包括对高尔夫球赛事人力、物力、财力的投入实施有效的安排，并制定相应的应急措施，以防万一。显然，在赛事计划实施之前，必须考虑能否通过购买保险来保护赛事的投资。是否制定了保证策略，让比赛参加者知道备用计划能够等同或超过比赛的预期价值。因此，在实施高尔夫球赛事计划之前，能经常想"如果发生了怎么办"，才能如何应对意外，做到有备无患。

2. 现场控制——高尔夫球赛事中的实施

高尔夫球赛事现场人多事杂，但现场又不能出现混乱的局势和其他严重影响赛事举行的现象。因此，高尔夫球赛事管理计划必须详尽，每一场赛事的管理工作必须指定专人负责，专人跟进，现场管理计划必须考虑赛场的方方面面，尽管高尔夫球赛事的举办有周密的计划，但不可抗力的发生仍是一种客观存在的现象。因此，高尔夫球赛事的现场控制变得极为迫切，需要通过管理人员亲临现场指挥来实现的。

3. 结果控制——高尔夫球赛事后的总结

结果控制是通过预先确定的标准与实际成效比较后，找出偏差，寻找措施进行改进。如何在计划中事先考虑潜在的风险危机，并做出相应的措施预案固然重要，但也要做好总结，调查风险事故原因并进行整改，这对于优化高尔夫球赛事组织管理、促进高尔夫球赛事的高质量发展都起着重要作用。

三、高尔夫球赛事风险管理类别

1. 人员风险

一般而言，参与高尔夫球赛事人员包括运动员、教练员、裁判员、官员、观众、志愿者、高尔夫球赛事管理人员和中介人员等。在大型高尔夫球赛事中涉及的人员更多，人员身份更多元。如何组织好赛事，避免风险的发生，是高尔夫球赛事组织管理者面临的巨大考验。

（1）内部管理者风险

高尔夫球赛事内部管理者可分为两类，一类是高尔夫球赛事专职人员，另一类是志愿者。二者从事的活动内容不同，因而在高尔夫球赛事组织管理存在的潜在风险也不相同。

高尔夫球赛事专职人员接受赛事组织管理机构的委托开展各项工作。委托代理关系的产生，有可能导致由于委托人与代理人之间利益不一致，追求目标有异，代理人以牺牲委托人的利益为代价，而最大化自己的效用价值，产生委托代理风险。

招募和使用志愿者的过程中，高尔夫球赛事组委会可能会面临以下风险：① 在制订志愿者招募计划时，因为没有充分考虑志愿者的服务时间与学习、工作等时间相冲突而无法到场等因素，没有安排足够的替补人员，导致招募的志愿者人数过少而影响工作的完成。② 在制订招募计划时，未考虑高尔夫球赛事预算限制，为每个岗位安排过多志愿者，导致招募的志愿者过多，增加办赛成本。③ 招募志愿者的条件过松，或招募后不对志愿者进行必要培训，导致招募的志愿者不能胜任所承担的工作。

（2）外部合作者风险

因高尔夫球赛事任务繁多，并且风险相对集中，为了分担工作任务，同时转移风险，高尔夫球赛事组织管理机构会把一部分工作任务交给其他机构或人员完成。高尔夫球赛事组织管理机构在转移工作任务的同时，也可能会产生因对外包工作控制不够、承包者不能胜任所承担的任务，而不能如约完成所承担任务等风险。

（3）赛事产品生产者风险

高尔夫球赛事提供的是一种以观赏为主的服务产品，而教练员、裁判员和运动员是高尔夫球赛事产品的生产者。一般而言，来自高尔夫球赛事产品生产者的风险主要有三种：① 缺席风险，即参赛选手因各种不可预期的原因，如伤病、交通延误、在资格赛中成绩不好，而不能出席比赛或不能按时到达比赛现场参加比赛。② 人身安全风险，即上述人员在参加比赛的过程中，因各种不可预计的因素而导致的人身伤害。③ 侵害无形资产风险即赛事组织管理机构在未经运动员、教练员和裁判员的许可下，擅自使用其肖像等无形资产，而出现侵权责任的风险。

（4）赛事产品消费者风险

现场观众是高尔夫球赛事产品最直接的消费者，一场大型高尔夫球赛事往往相当于一次大型的观众集会，具有人员高度密集的特点。而且赛场竞争激烈，观众比较兴奋，因而较易发生安全事故。因此，高尔夫球赛事组织管理机构应当采取积极的行动，预防可能对观众造成伤害的风险发生。

2. **财务风险**

财务风险是指赛事所从事的与货币有关的或者能以货币计量的各种活动中存在的风险。高尔夫球赛事财务活动包括筹（融）资活动、资金回收活动。由此，高尔夫球赛事财务风险相应地表现为筹（融）资、资金回收等财务活动的实际结果偏离预期结果的可能性，而产生筹（融）资风险、资金回收风险。在进行外汇资金结算的活动中，受汇率变动的影响，还可能面临外汇风险。

3. **设施器材风险**

设施与场地器材是进行高尔夫球赛事不可或缺的条件，通常设施器材风险主要表现为以下两个方面：① 设施与场地器材自身安全风险，即与高尔夫球赛有关的建筑物、仪器设备、器械等在建筑、安装、维修和使用期间可能由于意外事故、自然灾害或人为损坏等因素发生损毁、起火等风险。

② 设施与场地器材导致他人危险的风险，即设施与场地器材由于设计、使用等因素而给他人造成危险。

4. 时间风险

通常高尔夫球赛事的时间管理包括两方面内容：一是高尔夫球赛事的举办时间；二是高尔夫球赛事组织安排时间。这两项时间管理内容出现问题，可能导致赛事面临以下风险：

（1）如果忽视天气等自然因素对比赛的影响，就可能影响比赛正常举行。即使照常举办比赛，也可能因为天气影响，降低比赛的精彩程度和观众的积极性，甚至可能因为恶劣的天气而增加比赛意外事故的发生。

（2）高尔夫球赛事举办频繁，或者同一阶段高尔夫球赛事多，则可能面临高尔夫球赛事场地设施、运动员、裁判员、观众、赞助商、媒体等资源竞争激烈，资源成本提高的风险。

（3）没有进行必要的宣传，高尔夫球赛事的市场接受度，包括观众、媒体、广告商、赞助商对高尔夫球赛事的认可和接受程度不高，使高尔夫球赛事组织管理机构面临市场风险。

（4）高尔夫球赛事时机选择不当，如同其他重大活动时间相冲突，则有可能面临被取缔等风险。

（5）没有明确规定高尔夫球赛事中各项任务或活动的起止时间，会导致高尔夫球赛事活动混乱。时间安排如果过于紧凑，缺乏弹性，一旦发生意外事件，不但赛事工作无法按时完成，而且与之相联系的一系列工作也可能受到影响，产生恶性循环。

5. 信息风险

信息的传输与交换十分重要，缺乏有效的信息传输和交换，管理行为就无法有效实施。按传输和交换的对象信息可分为赛事组织管理机构内部成员间的沟通和赛事组织管理机构与外部环境的沟通。赛事组织管理机构内部成员之间如果缺乏有效沟通，赛事的信息交流出现迟缓或中断，赛事组织管理者难以及时发现赛会中出现的新情况、新问题并采取相应行动，导致赛事的反应能力下降，进而使赛事的风险控制能力下降。赛事组织管理机构与外部环境的沟通主要指赛事组织管理机构与大众、商家、媒体及各种高尔夫球组织和协会等方面的沟通。赛事组织管理机构在与媒体进行信息沟通时，应当采取响应而非回避的态度，主动地向媒体传达正确的信息，取得媒体对赛会的支持，使媒体传播正确的声音。

四、高尔夫球赛事风险控制方法

高尔夫球赛事风险管理的目标是减少伤害事故的发生，降低风险成本，实现赛事效益最大化，即减小风险与损失。因此，高尔夫球赛事组织管理者要制定全面、完善的风险管理计划，制订风险管理计划主要有两个目的：一是防范，二是干预。防范是指尽量防止各种事故和问题的出现，干预则指事故和问题发生后所采取的行动计划。通过有效的防范和干预，高尔夫球赛事组织管理者对各种不确定因素加以控制，从而减小风险、损失和法律纠纷。以下是几种常见的风险控制方法：

（一）风险识别法

风险识别是指通过一系列手段与方法收集数据与信息，尽可能地将潜在危险或容易产生风险的环节识别出来的过程。识别出来的风险应列出清单，分发给风险分析人员和相应的管理人员备用。风险识别需要回答三个基本问题：一是可能会产生什么风险？二是哪些因素会导致风险产生？三是风险产生后，谁将会受到伤害或损失？常用的风险识别方法有以下几种：

1. 头脑风暴法

头脑风暴法是项目决策与管理实践中广泛应用的一种策略。运用这种方法应请赛事的各个项目部门负责人、外聘的风险管理专家、赛事活动相关人员（如赞助商、媒体等）、员工代表等人组成讨论小组，针对高尔夫球赛事运营管理过程中遇到的风险及其危害程度和风险如何应对等问题展开思考，提出各自的看法。采用头脑风暴法时，要鼓励所有参与者提出尽可能多的想法。

2. 风险档案分析法

高尔夫球赛事风险管理通常具有连续性。高尔夫球赛事组织管理机构均需要建立风险档案，将以前举办过的赛事所积累的资料、数据经验以及参与人员的个人常识经验和判断作为档案保存起来，并将赛事举办过程中遇到的新风险及时更新到风险档案中。通过查询和了解类似赛事历史风险档案资料来识别赛事组织管理中可能存在的风险是一种常用的而且有效的风险识别方法。

3. 人物访谈法

访谈对象一般包括赛事组织管理机构部门的领导、主要利益相关者代表、同行以及其他所有与赛事组织管理有关的人。访谈可以一对一进行，也可以以小组的形式进行。访谈的问题应根据责任范围准备，并针对访谈对象列出相应的问题。

4. 德尔菲法

德尔菲法又称专家咨询法，是一种反馈匿名函询法。它以匿名方式通过几轮函询，征求专家意见，预测领导小组对每一轮意见都进行汇总整理，作为参考资料再发给参与函询的每位专家，供他们分析判断，提出新的论证。如此反复多次，专家意见趋于一致，结论的可靠性就越来越大。德尔菲法有三个特点：一是采用匿名形式；二是德尔菲法一般要经过 3~4 轮；三是为了定量评价预测结果，德尔菲法采用统计方法对结果进行处理。

5. 情景分析法

这是根据以往的经验设计一些可能出现的风险情景，然后让参会人员就问题出现的原因、过程、后果以及拟解决的访谈法等展开分析与讨论。实践证明，这是一种非常有效的风险识别方法。

6. 测试事件法

这种方法对特大型高尔夫球赛事非常有用。通过举办一系列小型的测试赛事或活动可以有效地检测设施、设备以及资源利用方面有可能出现的问题。

（二）风险防范法

风险防范法是针对高尔夫球赛事组织管理中存在的风险，采取合理有效的预防措施，减少伤害事故发生的可能性和因事故造成的负面影响与损失的方法。具体方法包括加强员工的安全教育与培训，全面检修、维护场地器材，加强安全监督与管理等。

（三）风险回避法

在组织高尔夫球赛事活动前，分析其是否存在重大事故发生的可能性。如果存在，则应及时取消或调整赛事活动。这种方法适合于易产生严重后果并且发生概率较高的风险类型。

风险回避对赛事来说是一种彻底、有力的应对策略，同时也是一种简单、消极的技术。因此，赛事组织管理者在实施这种措施时需考虑三个方面：一是某些赛事风险不可能回避，如地震、灾害性的天气、水灾、流行性传染病等；二是某些风险即使可以避免，但也会因此失去较高的经济效益；三是避免了某一种风险后有可能产生新的风险。

（四）风险转移法

风险转移可以采取两种方式，即保险风险转移和非保险风险转移。保险风险转移是指通过购买保险的办法将风险转移给保险公司或保险机构，高尔夫球赛事经营者或赛事主办方支付一定的保险费用给保险公司，保险公司则负责承担事故发生后的经济赔偿。非保险风险转移是指通过保险以外的免责协议和套期保值等方法转移风险。例如，向赛事提供交通服务的汽车公司与高尔夫球赛事运营管理机构就赛事用车服务签订固定价格合同，那么汽车公司将承担由燃油价格上涨而引起成本上升的风险。再如，赛事组织管理者同有关责任人员，如教练员、医护人员等签署合同，由他们对自己的过失行为所造成的损失负责。还有的赛事组织管理者让参与某项赛事的人员签署免责协议，在签署合同或协议时双方均须遵守相关法律法规。

思考与实训

1. 根据所学内容完成一份高尔夫球赛事策划书。

2. 思考高尔夫球俱乐部在赛事管理过程中的角色和职责。

3. 根据高尔夫球赛事风险的类型，制定赛事风险控制的方法和措施。

第六章

高尔夫球场草坪养护与管理

本章导言

虽然高尔夫球场都由发球区、普通区、罚杆区、沙坑区、推杆果岭区组成，但球道长度、坡度、环境、景观、气象是没有完全相同的，甚至同一个球场，每个球道养护方式也不尽相同。一般情况下，负责草坪养护与管理的部门为俱乐部场务部，是所属部门中管理项目最多、范围最广的部门，主要负责高尔夫球场草坪修剪与种植、病虫害防治、特殊养护作业、全场草坪的浇灌、喷灌管道和喷头的安装及维修等工作。

学习目标

1. 了解高尔夫球场草坪日常维护内容，掌握草坪的修剪方法。

2. 了解高尔夫球场常见的病虫害，掌握防治病虫害的基本技术。

3. 了解高尔夫球场喷灌系统的构成，掌握球场喷灌系统的设计方法，学会对高尔夫球场喷灌系统进行规划及日常运行与维护。

第一节　高尔夫球场草坪日常维护

高尔夫球场草坪在种植前要首先调查和测定应用场地，掌握球场所在地区的气候，土壤的肥力、酸碱度等技术指标。常见的草坪养护工作包括修剪、施肥、浇水、除杂草、打孔、覆沙、打药、补植、填平坑洼和环境管理等。

一、修剪

修剪是草坪养护中的重要环节，草坪修剪期一般在 3—11 月，有时遇暖冬也要修剪。草坪经过多次修剪，不仅根茎发达，覆盖能力强，而且低矮，叶片变细，且观赏价值高。修剪带一定要平行，且每次修剪要改变方向。草坪边缘一般用剪刀修齐，才能保持美观。

草坪修剪（图6-1）的目的在于保持草坪整齐、美观以及充分发挥草坪的坪用功能。修剪给草坪草以适度的刺激，可抑制其向上生长，促进枝条密度加大，还有利于改善草层的通风透光，使草健康生长。修剪草坪对于维持高质草坪、延长草坪寿命、保证高尔夫球运动的顺利进行至关重要。

图6-1　高尔夫球场草坪修剪

（一）修剪草坪的作用

（1）竞技、美观、实用是高尔夫球运动对草坪的要求，为了增强高尔夫球场草坪的竞技效能，要做好日常和定期修剪草坪作业。

（2）延长坪用年限。高尔夫球场草坪植物生长到一定阶段就会进入老化阶段，形态学上则表现出旁枝增多、茎根木质化、绿度降低，以至枯黄进入生长低潮期或老化期。合理修剪是防止高尔夫球场草坪衰退，延长坪用年限的有效措施。

（3）防治杂草，增强病虫害抵抗力。如果对多年生人工高尔夫球场草坪群落不进行合理的强制管理和养护，草坪就极易衰老。草坪衰老后容易产生病虫害及滋生杂草。对高尔夫球场草坪进行修剪，可以增强草坪的生命力和抗病虫害能力。

（4）改善草坪底层环境。高尔夫球场草坪修剪后使用拾草机作业，可大大改善近地面的生态环境，如接受更多的太阳辐射，通风更加流畅，地表温度提高等。这对于调节植物群落草层内部微环境，刺激高尔夫球场草坪均衡发展是有很大帮助的。

（5）改变高尔夫球场草坪生长习性。剪草改变了高尔夫球场草坪地上、地下的生长习性。剪草增强了植物地上部的分蘖能力，使其密度增加，但也减少了根和茎的生长。不剪草会严重降低整个高尔夫球场草坪的质量，特别是果岭在生长期间每天都要修剪。因此，要掌握好草坪修剪量和度的问题。一旦量和度失衡极易损坏高尔夫球场草坪质量。

（二）草坪修剪的注意事项

（1）一般遵循"1/3"修剪原则，即对于每一次修剪，被剪去的部分是草坪草垂直高度的1/3。如果一次修剪得太多将会由于叶面积的大量损失而导致草坪草光合作用能力减弱，现存碳水化合物大部分被用于形成新的幼嫩组织，致使根系无足够养分维持而大量死亡，最终导致草坪退化。

（2）草坪的修剪高度也称留茬高度，是指草坪修剪后立即测得地上枝条的垂直高度。不同类别的草坪草忍受修剪的能力是不同的。一般，草的留茬高度为3~4厘米，部分遮阴和损害较严重的草留茬应高一些。通常，当草长到6厘米时就应该修剪，新播草坪一般在长到7厘米高时进行第一次修剪。确定适宜的修剪高度十分重要，是进行草坪修剪作业的依据。

（3）草坪的修剪时期与草的生育相关，一般而言，草坪的修剪始于3月终于10月，通常在天气晴朗时进行。修剪频率取决于多种因素，如草坪类型、草坪品质、天气、土壤肥力、草坪在一年中的生长状况等。在温度适宜、雨量充沛的季节，冷季型草坪每周须修剪两次，而在正常气候条件下，每周修剪一次即可。夏季，暖季型草坪草需要经常修剪，但在其他季节因温度较低，草坪草生长变慢，间隔天数要适当增加。大量施肥和灌水的草坪比一般草坪生长速度要快，因此需要经常修剪。一些生长迅速的草坪草，如假俭草、细叶羊茅等则修剪频率相对较高。

（4）修剪机具的刀片一定要锋利，以防因刀片钝而使草坪刀口出现丝状，如果天气特别热将造成草坪景观变成白色，同时还容易使伤口感染，引起草坪病害发生。

（5）同一草坪应避免每次同一方向修剪，每次修剪要更换方向，防止在同一地点同一方向多次重复修剪。否则，草坪草将趋于退化，使草坪生长不平衡。

（6）修剪完的草屑一定要清理干净，尤其草坪湿度大时更应清理干净。因为留下的草屑有利于杂草滋生，易造成病虫害感染，也易使草坪通气受阻而使草坪过早退化。

（7）修剪应在露水消退以后进行，通常在修剪的前一天下午不浇水，修剪之后应间隔2~3小时浇水，防止病虫害的传播。

（8）修剪前最好对刀片进行消毒，特别在7—8月是病虫害的多发季节，要更加注意。

（9）避免在温度很高的中午时进行修剪。

二、施肥

草坪在生长期需肥较多，再加上多次修剪，易引起土壤肥力不足。合理施肥有利于草坪的生长，但为了避免真菌类疾病的滋生，施肥应尽量在春秋两季进行。施肥量应根据草坪的颜色、土壤肥沃程度、草坪密度及草坪生长年限等因素确定。草坪色泽浓绿，土壤肥力好，草坪致密，生长正旺的应少施；而颜色发黄，土壤贫瘠，草坪稀疏，四年生长期以上的草坪应多施。

草坪施肥通常有两种办法：

（1）每年冬季或早春，在草地上施有机肥料，如堆肥或泥炭土，这不仅能增加肥力，还可疏松土壤，提高土壤透气性，有利于草坪根群的更新，一般每亩施用有机肥12~15千克。

（2）在春季或秋季施用复合肥，也可施用氮、磷、钾比例为5：4：3

的化肥。第一次施肥宜在 4 月中旬前后，按每平方米 10~20 克复合肥，均匀施下。第二次宜在 9 月下旬前后，按每平方米 15~25 克复合肥均匀施肥。然后浇足量水，以使肥料充分溶解。如果效果不够理想，草坪黄化严重，可再按每平方米 5 克的尿素作催肥。施肥前让土壤适当干燥，施肥后浇透水，减少地表肥料的残留。

图片：草坪的施肥

一般冷季型草夏季不发黄就不需施肥，施肥太多容易导致草坪徒长，抗病能力差，并影响通风透光，极易滋生腐霉菌枯萎病。所以，适当控肥，可以在冷季型草腐霉菌枯萎病高发季节有效抑制菌类的产生。选择春菌的优质草种，能有效提高草坪的抗逆性。

三、浇水

浇水是草坪管理中的一项重要内容。一般在高温干旱季节，每 5~7 天需要浇水，早晚各浇一次透水，早晨或晚上是浇水的最好时间，水蒸发损失最小。而中午或下午浇水，则有 50% 的水分可能被蒸发掉。在炎热的夏季，切忌在中午浇水，这时浇水会使土温急剧下降，影响草根部对水分的吸收，导致草萎蔫。黄昏时浇水可提高水的利用率，但草坪整夜处于潮湿状态，极易引起草坪病虫害。可向草坪喷施杀真菌剂，然后再浇水。晚上浇水除有利于减少蒸发量外，还有利于草坪的利用。其他季节浇水以草根部有一定的湿度为宜，但浇水时最好采用多向喷灌，保持灌溉均匀，节约用水，同时又清除了草面的灰尘。草坪浇水时要一次浇足浇透，不可只浇表土层，至少要使水分渗透到土层深度 8~10 厘米以上才可以，否则达不到最佳的浇水效果。

四、除杂草

在草坪的种植管理中防除杂草非常关键。有害的杂草主要有三类：一是禾本科杂草，如狗牙根、马唐、早熟禾、看麦娘、牛草、狗尾草等。二是蓑草科杂草，主要有牛毛草、香附子、水蜈蚣、碎米蓑草等。三是阔叶科杂草，主要有空心莲子草、一年蓬等。除杂草视草量的多少及地域情况而定，量少时用小刀，量大且集中时用铁锹挖出，集中处理，然后整平地面，再补栽。另外，也可用选择性化学除草剂，如 25% 的可湿性扑草醚成乳剂 2、4-D 液、20% 二甲四氯乳剂等。在无风晴天喷施，气温最好高于 25 ℃，这时药效快，药量也可减半。除草剂适当混用可提高药效，但要慎重，以免适得其反。

高尔夫球场草坪是以"平滑、适密、匀整、浓绿"作为品质评定的标准，了解杂草的破坏作用、侵入途径及防除原理对正确管理球场，对提供高品质的高尔夫球场草坪至关重要。

（一）草坪杂草的危害

图片：杂草
生长情况

（1）与草坪争水、肥、光能等，增加养护成本。

（2）侵占地上和地下空间，影响草坪光合作用。

（3）杂草是草坪病害、虫害的中间寄主，可传播疾病。

（4）增加生产、管理成本。

（5）影响草坪的品质、使用价值及观赏效果（图6-2）。

图6-2　杂草生长情况

（二）草坪杂草的分类

按自下而上环境分类，草坪杂草可分为水生型、湿生型与旱生型。

按生长期分类，草坪杂草可分为一年生、两年生和多年生杂草。

按植物的形态和对除草剂的敏感性分类，草坪杂草可分为阔叶草、禾草、莎草。

（三）草坪杂草发生特点

草坪杂草具有极强的生态适应性和抗逆性，杂草传播途径、繁殖方式多样，种子寿命长，出苗持续不一。很多杂草生长发育迅速，竞争能力强，一旦杂草获得生存空间，就会迅速生长，覆盖地面，抑制草坪草的生长，使草坪草退化。

（四）草坪杂草的防除

杂草的防除方式包括人工拔除、生物防除和化学防除等。根据杂草的发生规律，草坪杂草防除的最佳方法是生物防除，即通过选择适宜的草种混配组合，在最佳播种时期，避开杂草高发期，对草坪进行合理的水肥管理，增加修剪频率，促进草坪的长势，增强草坪草与杂草的竞争能力，抑制杂草的发生。化学防除一般以防除双子叶杂草效果比较明显，且药剂的使用也比较安全，对于灭生性的除草剂，因其对任何植物均具有杀伤作用，所以主要用于建坪前的坪床处理，对于这类药剂的使用，一定要充分考虑其残效期的长短。

（五）除草剂的使用

（1）芽后型除草剂在杂草出苗以后施用，用作茎叶处理。杂草茎叶吸收药剂以后，传导至作用点而导致杂草死亡。芽后型除草剂一般只对已经出苗的杂草有效，苗期杂草（2—4叶期）和旺盛生长的杂草对这类除草剂最为敏感，防除所需药量也最少，这一时期除草剂的吸收和传导都很理想，杂草也没有充分发育，根系较弱。用药稍晚就会影响药剂在目标植物中的传导，增加防除难度。芽后型除草剂应当仅在杂草旺盛生长期使用。杂草在室温 $4.4\,℃\sim26.7\,℃$ 时旺盛生长，在这一温度范围之外施药，药效会太慢，既不能有效除草，也容易对草坪草产生危害。

图片：喷施除草剂

（2）芽前型除草剂在杂草种子发芽前施用，即做土壤封闭处理，抑制种子的萌发。如果防除夏季杂草，要在春季施药，如果防除冬季杂草，秋季施药效果最佳。研究表明，9月中旬施药，加强了对当年冬季和次年春天早熟禾的防效，而且可以同时防除一些阔叶杂草，如普通繁缕、宝盖草和婆婆纳。

图片：除草剂施用后杂草萎蔫枯死

（3）使用除草剂的注意事项。使用除草剂时首先要确保草坪草的安全。草坪杂草尤其是禾本科杂草，与草坪草亲缘关系很近，从而加大了除草难度。使用除草剂建议在专业的技术人员指导下进行，注意以下事项：

① 根据草坪草的种类选用安全的除草剂。

② 根据草坪草的不同生育阶段选用适用的除草剂。

③ 根据主要杂草的种类选用杀草谱对路的除草剂。

④ 严格按照推荐剂量科学使用除草剂。

图片: 除杂
草后草坪草
生长情况

⑤ 适时用药。

⑥ 合理混用，但需慎重。

⑦ 交替用药，预防杂草产生抗药性。

五、打孔

图片: 草坪
的打孔

由于草坪土壤板结和死草屑层会影响草坪的正常生长，阻碍草坪获得养料，削弱排涝能力，因此需要定期进行打孔操作，以此来改善草坪的透气性。因此草坪建成后，除对草坪进行合理的施肥、灌水、修剪等养护管理外，还需要适时打孔。打孔是通过选择合适的打孔机械在适宜的时期，从草坪上打出土卷，改良草坪的物理性状和其他特性，以加快草坪芜枝层的分解，促进草坪地上和地下部分生长发育的一种养护措施。

（一）打孔机械

打孔机械很多，通常用的主要有两种类型：一种是圆周运动式打孔机，另一种是垂直运动式打孔机。根据这两种打孔机尖齿和泥铲的大小，打出的土卷直径变化在6~8毫米，打出土卷的垂直高度也随土壤的紧实程度、土壤容重和含水量及打孔机的穿透能力而异。一般土壤越紧实，土壤容量越大，含水量越小，打孔越深。打孔机的穿刺能力越大，则打孔也越深。

（二）打孔效应

打孔后有利于释放出土壤中的有害气体，有利于改善土壤或疏水土壤的变湿特性，加速长期潮湿土壤的干燥，提高表面紧实或芜枝层过厚土壤的渗透能力，促进打出土卷后洞内根的生长，提高土壤阳离子的交换能力，并改善土壤对养分、水分的保持力，加速有机残渣的分解速度。

（三）打孔时间

打孔时间十分重要，在干旱的条件下，会产生草坪草局部严重脱水。例如，在干旱炎热的白天进行打孔，会使匍茎剪股颖草坪局部产生严重的脱水现象。因此，在草坪生长茂盛、生长条件良好的情况下进行打孔是比较合适的。打孔不但要注意时间，也应和其他措施紧密配合。例如，在打孔之后，立即进行表面施肥和灌水，能有效地防止草坪草的脱水并能提高根部对肥料的利用率。由于打孔扩大了草坪土壤的表面积，一般可使表面积增加一倍多，进而增加了草坪土壤与空气和水分的接触面积，提高了土壤的吸水透水性和土壤的通气性，有利于好氧微生物繁殖，增加了土壤的有效氧分，提高了土壤的释放氧分能力，并且加快了地面芜枝层和其他有机残渣的分解速度。

为了提高打孔效果，通常在打孔后要表施土壤，搂干净土卷。用不同于草坪土壤的物质，如沙子和营养土进行表施。当这些物质填满孔洞时，土壤的透气性还是很好的，同时对芜枝层的分解也是有利的。打孔后的土卷一定要搂干净，以免浇完水土卷和草坪草粘在一起，既影响景观又容易引发病害和使杂草丛生。

六、覆沙

覆沙是草坪管理中表施土壤的措施之一，是指在草坪表面均匀地覆盖一层薄沙的过程。

（一）覆沙的作用

（1）均匀、平滑的草坪表面是保证高尔夫球员开展正常竞技活动的理想平台。覆沙可以平滑击球面，改善草坪的根系外漏、地表凹凸不平等情况。

（2）覆沙也有助于草坪恢复生长。

（3）覆沙还可以维护草坪生长，能够弥补流失的沙土，覆盖已裸露的草坪根部，促进根系生长，增加草坪密度，延长草坪使用寿命。

（4）覆沙可以增加草根数量并促进分蘖，从而形成高密度、强健的草，提高草坪的耐践踏能力。

（二）覆沙的方法

覆沙分为机械覆沙和人工覆沙，无论哪一种，都应该提前对草坪进行修剪，然后设计好覆沙厚度，计算好用沙量，并将草坪划分为适当大小的区域，以确保沙量均匀地撒入草坪中。人工作业时，为确保均匀分布，可以将沙子分两次用完，并将草坪划分为较小的区域，这样便于控制覆沙量。

覆沙的具体方法：先将各小区域内预计的覆沙量尽可能均匀地撒入草坪，然后用机械或硬扫帚轻扫坪面，使沙滑入草坪叶片以下，落到土壤表面，覆盖住枯草层或填入坑凹处、洞孔中。对于高尔夫球场草坪覆沙，最好是在铺完沙以后进行适当的镇压作业，以确保草坪面的平整性和坚实性。

七、打药

草坪的管理能通过物理措施使得草坪获得健康，抵御疾病，但即使对草坪进行有效的管理，病虫害还是可能随时发生并继续破坏草坪。因此在这种情况下，适当地施用杀菌剂并结合物理措施对于抵抗病虫害非常重要。对草坪进行低剪，然后进行喷雾预防真菌类疾病，如锈病、白粉病、菌核病、炭疽病等。防治方法通常是根据病虫害发生侵染规律采用杀菌剂预防或治疗。预防常用的杀菌剂有百菌清、多菌灵等。危害草坪的害虫主要是食叶和食根的害虫，如夜蛾类幼虫、黏虫、蜗虫、蛴螬、蝼蛄、蚂蚁等，常用的杀虫剂有杀灭菊酯、杀虫双。

八、补植

对损坏或其他原因引起死亡的草坪应在 12 小时内完成补植，补植应选择同一品种，相同或相近的规格，工作时要规范整齐、平整美观，疏密适度，做到无明显补植痕迹。补植时应加强管理，确保新补植植株的成活率及覆盖率，达到无明显露土部分，保证良好的景观效果。

九、填平坑洼

及时填平坑洼地，使草坪整体达到无坑洼、无积水，在效果上达到平整美观。

十、环境管理

草坪种植完成后，要及时清理场地，清除枯枝死枝、多余的土壤、各种垃圾及其他废弃物，并收齐施工工具。

第二节　高尔夫球场草坪病虫害防治

草坪有高尔夫球运动生命之称，亦是俱乐部生存竞争的资本。高尔夫球场草坪是球场养护的关键，它直接关系着高尔夫球场的品质。要做好球场草坪的养护工作，高尔夫球场草坪病虫害的防治工作是重要一环。

一、草坪病害防治

草坪病害大体分为侵染性病害和非侵染性病害两大类。侵染性病害是由生物寄主（病原物）引起的，有明显的传染现象；非侵染性病害则是由物理或化学的非生物因素如土壤中营养元素供给比例失调、土壤 pH 值、环境污染产生的有毒物质或气体等引起的，不具有传染性。下面介绍几种常见的病害防治。

（一）叶斑病

叶斑病是由一种叫"蠕虫菌属"的真菌侵染而引起的。病害刚发生时，在叶或茎上呈现黑红色或紫色斑点，严重时，叶片、茎将失色、死亡和腐烂。这种病害常发生于凉爽潮湿的春季和秋季。但在夏季，适宜的气温和湿度也会导致病害的发生。

图片：草坪叶斑病

防治措施：

（1）不同品种的草坪进行混播，对于防治和降低叶斑病危害是有效的手段。

（2）高刈割，在病害流行地区，所有剪下的草均应清除，感病区和未感病区要分别修剪。

（3）适量施肥，防治草坪过量生长。

（4）用福美双、克菌丹、百菌清、多菌灵、代森锌、达可宁等杀菌剂进行定期喷洒，进行化学防治。

（二）枯萎病

枯萎病是由长蠕孢真菌所引起的，在发病区，草坪表现为黄色或有花纹的斑块。缺肥或缺铁时易导致该病的发生。严重时草坪叶片枯死，呈现不规则的红褐色斑块，直径 5~8 厘米。感病因素是土壤地表下和叶片上及草垫下湿度过大，在合适的温度条件下，易发生病害。

图片：草坪枯萎病

防治措施：

（1）不同品种的草坪进行混播，增强抵抗力。

（2）用福美双、克菌丹、百菌清、多菌灵、代森锌、达可宁等杀菌剂定期进行喷洒防治。

（三）镰刀菌病害

感病时草坪出现无规则的淡黄色草坪斑块并不断扩散。斑块直径从几厘米到几十厘米。病害初期，病状不是很明显，在受侵染区域边缘呈粉红色。时间久了，斑块会变成灰白色。在生长季，当湿度过高，日均温度在18 ℃以下时，极易发生该病害。

图片：草坪
镰刀菌病

防治措施：

（1）合理灌溉，防止草坪湿度过高。

（2）用苯来特定期喷洒防治。

（四）褐斑病

褐斑病是由丝核属真菌引起，可侵染多种草坪草。感染的草坪出现不同大小无规则的斑块，进而草坪变为褐色。褐斑病可导致叶片死亡，严重时可杀死整株草坪草。由它危害致死的草坪草直立不倒伏。可在有露水的早晨进行观察，如草坪上有一层薄膜，白色的真菌散满整个斑块的边缘，即为褐斑病。感病因素主要为：生长季过度施氮肥，草坪连续湿度较高，不及时清除剪下的碎草。

图片：草坪
褐斑病

防治措施：

（1）合理施肥，防止氮素供应过多。

（2）降低草坪湿度。

（3）用多菌灵、代森锌等定期喷洒。

（五）叶锈病

在早熟禾或结缕草草坪上可能发生大量的叶锈病。叶锈病侵染速度极快，但很少杀死草坪草。该病由柄锈菌种类的真菌所引起。叶锈病发生时呈现一层小疱，几乎覆盖整个叶片。温暖湿润的条件会导致叶锈病的发生和扩散。

图片：草坪
叶锈病

防治措施：使用粉绣宁进行化学防治。

（六）粘霉病

粘霉病发生时，草坪草的叶片尖端产生大量的粉末状、蓝灰色、黑色或黄色的团聚体。当其数量增加时，对草坪叶片有一定危害，但较少杀死草坪草。该病通常在湿润的气候或过度浇水时发生。

防治措施：使用代森锌进行化学防治。

图片：草坪
粘霉病

（七）雪腐病

该病由镰刀菌真菌所致，仅在温度低于 4 ℃的湿润草坪上才得以发生和扩散。因通常在有雪覆盖的条件下才发生，故名雪腐病。

图片：草坪
雪腐病

防治措施：

（1）在晚秋应避免对草坪过度施氮肥，防止草坪过度生长。

（2）用杀菌剂如代森锌、达可宁进行化学防治。

（八）线虫病害

线虫病害常发生在温暖地带，该病由微小的线虫所致。这些线虫侵染草坪的根和根茎部，降低草坪草的活性，通常是在叶片上均匀出现轻微至严重的褪色，使草坪草根系生长受抑制，根短、毛根多或在根上可发现病斑、肿大或结节，整株生长严重受阻，植株矮小、瘦弱，甚至全株枯萎、死亡。

防治措施：使用代森锌进行化学防治。

二、草坪草虫害防治

高尔夫球场草坪害虫主要有蛴螬、夜蛾幼虫、黏虫幼虫、蝼蛄、草地象甲、蚯蚓、草地蚜虫以及稻叶蝉等。因球场的情况不同，虫害的危害表现出不同的侧重，除线虫外，其他害虫如草地螟、红蜘蛛、蜗牛等相对不会造成太大危害。这些害虫对草坪的危害方式不同，造成的结果也不一样。因为不同的害虫发生的时间不同，所以几乎在草坪管理的各个阶段都要进行虫害防治。

（一）草坪草害虫的种类

按害虫对草坪草的危害方式，可将草坪草害虫分为食根害虫、食枝条害虫和掘穴害虫三大类。

依据草坪害虫的栖息、取食部位、生态条件的不同，可将草坪草害虫分为土栖类、食叶类、蛀茎潜叶类和刺吸类四个生态类型。

依据害虫对草坪草的危害部位，可以把草坪草害虫分为地下害虫（即危害草坪草根部和根茎部的害虫）和地上害虫（即危害草坪草茎、叶和芽的害虫）。地下害虫主要包括地老虎夜蛾幼虫（鳞翅目）、蛴螬（鞘翅目）、金针虫（鞘翅目）和蝼蛄（直翅目）等。地上害虫主要有黏虫（鳞翅目）、草地螟（鳞翅目）、蚜虫（同翅目）和螨类等。

在草坪生态系统中，草坪草为多年生草本植物，无法通过轮作而消灭或减轻某些害虫的发生，使得蝼蛄、蛴螬等地下虫害逐年加重。

草坪草除了特有的害虫，还有许多来自蔬菜、果树、农作物及园林中的害虫，有的长期落户，有的则互相转主危害或越夏越冬，害虫种类多，危害严重。

（二）草坪草虫害防治方法

1. 生态控制

在草坪建植与养护中必须坚持"预防为主，综合治理"的原则，协调草坪－害虫－环境所组成的生态系统关系，建设生态草坪。环保生态防治，即通过适地适草、播前深翻晒地、随挖拾虫除虫、施用充分腐熟的有机肥、适时浇水管理、保护天敌等方式建立稳定的生态系统。利用物理、人工、天敌、生物制剂或病原微生物等方式防治，如防治蛴螬有效的病原微生物主要有绿僵菌、白僵菌等。此外，还有灯光诱捕、药剂毒土诱杀、人工捕捉等方式控制生态平衡。

（1）草种检疫

目前，我国绝大部分冷季型草种是从国外引入，传入危险性害虫的风险很大，因而必须加强草种检疫。草坪草的检疫性害虫有谷斑皮囊、白缘象、日本金龟子、黑森瘿蚊等。

（2）建植措施

① 选用抗虫草种和品种，如多年生黑麦草品为近来培育的抗虫新品种。选用抗虫品种从长远看，其优点是使害虫的危害大大降低，减少杀虫剂的使用。

② 利用带有内生真菌的草坪草种和品种。内生真菌主要寄生在羊茅属和黑麦草属植物体内，可产生对植食性害虫有毒性的生物碱，这些生物碱主要分布在茎、叶、种子内，带内寄生菌的草坪草对食叶害虫有抗性，但对地下害虫效果较差。

③ 适地适草选用品种，尽可能选用抗逆性好、抗虫性强的草种。

2. 草坪草虫害的化学防治

杀虫剂以有机磷化合物为主，一般施药后应尽可能立即灌溉，以促进药物的分散，避免光分解和挥发的损失。对地上害虫常用喷雾法，但有些害虫，如防治草坪野螟等，应在施药后 24~72 小时后灌溉。对于防治地下害虫主要药物有西维因、辛硫磷等。对于茎叶部害虫主要防治药物有敌杀死、氧化乐果等，使用时应按照使用说明进行，防止产生药害。

在使用化学药品时，要计算好用药量、施药时期、间隔天数、施药次数等，做到对症下药，安全用药。一般选择无风或微风天气喷药。喷药前，确定作业路线、行走速度和喷幅，喷洒时力求均匀，叶两面都要着药，不要漏喷。

（1）选择适宜的种类和剂型

首先要准确诊断草坪草害虫的种类，选择符合高效、低毒、低残留的农药，对症下药，防止因误诊而错用农药，贻误防治时期。在防治时最好选用矿物性药剂（如石硫合剂等）、特异性农药（如除虫服、灭幼服等）及高效低残留农药（如辛硫磷等），这样既可以防治害虫，又能保护天敌，维持生态平衡。严禁使用高毒、高残留的农药。

（2）选择适宜的施药时间

根据草坪草虫害的实际发生情况，力求在虫害的发生初期或害虫的低龄期用药。

（3）掌握适宜的施药浓度

用药量是防治害虫的关键，一般药剂浓度越高，杀死害虫的效果越好，但浓度过高不仅易产生药害，而且容易增加害虫的抗药性，造成恶性循环，因此用药浓度应综合考虑安全、经济、高效等方面。

（4）控制施药次数，掌握合理的施药间隔期

由于一般药剂有效期为 7~10 天，因此，每次施药间隔期为 7~10 天。害虫发生较轻时，可延长用药间隔期或不用药。

（5）采用正确的施药方法

① 喷雾法。用喷雾器械将药液雾化后均匀喷在有害生物表面，这是应用最多的草坪施药方式。

② 喷粉法。利用喷粉器械喷撒粉剂的方法。这种方法工作效率高，不受水源限制，适用于消灭大面积发生的暴食性害虫。

③ 撒施法。将颗粒剂或毒土直接撒布在植株根际周围，用于防治地下

害虫。撒施法施药后应灌水，以使药剂渗透到枯草层和土壤中去。

④ 毒饵法。将豆饼、花生饼、麦麸、青草等饵料直接或炒香后拌以杀虫剂，引诱和毒杀地下害虫。

⑤ 熏蒸法。在密闭或半密闭设施中用熏蒸剂的有毒气体，在土壤中扩散，用以杀灭害虫和病菌。

⑥ 土壤处理。在播种前将药剂施于土壤中，防治地下害虫、苗期害虫。因施药目的不同，施药方法和施药深度也不一样。土表处理是用喷雾、喷粉、撒毒土等方法将药剂施于土壤表面，再翻到土壤中；深层施药是施药后再深翻或用器具直接将药剂施于较深土层。

第三节　高尔夫球场喷灌系统管理

高尔夫球场喷灌系统是为弥补自然降水的不足或不均匀，通过控制系统、利用水泵加压将喷灌湖中的水源源不断地输入管网，再经喷洒器（喷头等）射到空中，形成雾状水滴，均匀洒到草坪表面，保证适时适量地满足高尔夫球场草坪生长所需水分的一种先进的浇水方法。

一、高尔夫球场喷灌系统特点

1. 喷头多、压力不一

一个标准18洞高尔夫球场占地面积为60万~100万平方米，草坪浇水面积大，常需1 200~2 000个喷头才能覆盖全场各浇水区。另外球场地势起伏多变，有的球场最高处与最低处相差几十米或百米以上，每条球道内也总是高低起伏，不同区域的喷头压力常有差异，有时须采取增压系统，以提升高处喷头的压力。

2. 各区域喷水要求各异

高尔夫球场喷灌区为果岭、发球台、球道及长草区等，其中果岭、发球台、球道是周期性浇水的重点，且以果岭为甚。球场果岭几乎每天都须浇水，对喷水要求最高，而果岭周边则可能只需每两天浇一次水。因此果岭区域常安装背对背的双角度喷头，且全部采用一控一的控制方式，以便实现果岭与果岭周边的差别化。

球场边坡上的草坪需多浇水，集水井等低洼处的草坪则可少浇水。为

功能。

（三）喷灌控制系统

喷灌控制系统可分为闭环自动控制系统、开环自动控制系统和手动控制系统。目前手动控制系统用得较少。

1. 闭环控制系统

闭环控制系统也称全自动喷灌系统，通过预先编制好的控制程序和草坪需水的相关气象参量，如温度、相对湿度、降雨量、辐射、风速等，通过室外的自动电子气象反馈系统将这些信息反馈到中央计算机，计算机会自动决策当天所需喷水量，并通知相关的执行设备，开启或关闭某个子喷灌系统，从而可长时间地自动启动闭水泵和自动按一定的轮灌顺序进行喷灌。工作人员主要负责调整控制程序和检修控制设备。闭环控制系统包括泵站机组（或主阀门）自动控制、过滤器自动冲洗、管网水流分配的自动控制、喷头自动控制，还有中央控制器、卫星控制箱、电磁阀、自动阀、传感器（包括土壤水分传感器、温度传感器、压力传感器、水位传感器和雨量传感器）等。

2. 开环控制系统

开环控制系统也称半自动喷灌系统，该控制系统没有气象传感器，依靠人工在卫星控制箱或中央电脑控制器上将每组喷头的喷水开始时间、喷水延续时间和喷水重复周期作为控制参量编制程序，整个喷灌系统将按这一预先编制好的程序实现自动浇水，而不是根据草坪土壤水分及气象状况的反馈信息来自动控制，需人工根据不同的天气、草坪、土壤等情况及时调整浇水程序。开环控制系统的自动化程度高低不一，大多仅比全自动喷灌系统少一个气象反馈系统。部分球场的喷灌控制系统不带中央电脑控制器，直接由室外分控箱控制。

（四）管网系统

管网系统由不同管径的主干管、干管与支管组成，通过三通、直通、弯头、闸阀等配件将各级管道连接成完整的管网系统将来自泵站的压力水输送并分配到所需喷灌的草坪区域。喷灌系统的管网多采用 UPVC 管或 PE 管，一般管材承压的最低标准必须为系统最大设计压力的 1.4 倍（安全系数），在管网中还须安装排气阀、限压阀、泄水阀等安全装置。

三、高尔夫球场喷灌系统控制方式

由不同的喷头类型、分控箱或解码器、中央控制系统组合，将构成不同的喷灌控制方式。目前，我国高尔夫球场常见的喷灌控制方式主要有以下几种：

（1）电磁喷头＋分控箱＋中央电脑控制

该控制方式是目前我国高尔夫球场广泛采用的喷灌控制方式，它既可以通过室内的中央电脑编程控制，也可以直接通过室外的分控箱编程完成自动喷水。

（2）电磁喷头＋分控箱控制

该控制方式没有中央电脑控制器，球场喷灌编程只能跑到室外的分控箱上逐个输入、调整，较费时费工。目前新建球场较少采用该方式。

（3）电磁喷头＋解码器＋中央电脑控制

该方式解码器依赖中央电脑控制器运行，而不能像分控箱那样单独运行，中央电脑未启用之前的球场浇水只能靠人工开启喷头。我国高尔夫球场采用这种控制方式的并不多。

（4）IC 喷头＋中央电脑控制

IC 喷头内已装有解码器，因此单个的 IC 喷头较昂贵。该系统直接由中央电脑控制器控制，全场所有喷头都为一对一的独立控制，可实现全场精细化浇水。

四、高尔夫球场喷灌系统规划设计

高尔夫球场喷灌系统的规划设计就是针对某一规划的草坪区域进行勘测，搜集地形、土壤、气象、水源等资料，确定合理的喷灌系统，确保规划的草坪区域地面受水均匀度系数满足要求，喷灌组合的喷灌强度小于土壤的入渗速度，避免产生地面径流和积水，水滴大小适中，雾化程度适宜等，同时要注意草坪灌溉系统应按最不利的条件进行设计，这样可满足草坪最大限度的需水要求，灌溉保证率应高于一般的喷灌系统，按 100% 保证，从而达到美化环境的目的。

（一）草坪灌水定额的确定

草坪灌溉需水量包括土壤与地表的蒸发量和植物本身的蒸发量，影响因素有气温、湿度、辐射、风速以及土壤性质、植物种类及生长阶段特征等。通常根据当地气候或气候相似地区的喷灌试验资料以及灌水经验，加以分析确定草坪灌溉需水量。

（二）喷头的选择和间距布置

球场喷灌系统喷头选择及其间距布置的合理与否，直接影响整个系统的喷灌质量。

（1）喷头的选择

选择喷头时，应考虑的因素有对喷头形式的要求、灌溉区大小和地形、植物类型、现有水压和流量、当地环境条件（如风、温度和降雨量）、土壤类型和土壤入渗率、喷头的一致性等。单个喷头的喷灌强度应小于土壤的允许喷灌强度，这样可以减少地表径流和水土流失。球场喷灌系统一般采用地埋升降旋转式喷头。

（2）喷头的间距布置

喷头的组合布置形式主要有正方形、正三角形等形式，正方形组合适用于地形规则、平整的绿地，优点是设计简单，容易布置，但抗风能力差；正三角形组合适用于地形不规则、起伏较大的绿地，这种形式抗风能力强，喷洒均匀度高，而且喷头数量较少，节省投资。

正方形布置时，喷头间距与支管间距相等，考虑风速影响，喷头间距一般为射程 R 的 0.9~1.1 倍（表6-1）。

▶ 表6-1　正方形布置时风速与布置间距关系表

风速 /（米·秒$^{-1}$）	0~5	6~11	12~20
布置最大间距	1.1R	1.0R	0.9R

正三角形布置时，喷头间距相等，支管间距为喷头间距的 0.866 倍，考虑风速影响，喷头间距为射程 R 的 1.0~1.2 倍（表6-2）。

▶ 表6-2　正三角形布置时风速与布置间距关系表

风速 /（米·秒$^{-1}$）	0~5	6~11	12~20
布置最大间距	1.2R	1.1R	1.0R

（三）喷灌参数的校核

球场喷灌系统喷灌参数的校核包括喷头设计喷灌强度，组合均匀系数等参数的校核。根据《喷灌工程技术规范》（GBJ85-85），喷头雾化指标校核只对"主喷嘴为圆形且不带碎水装置的喷头"进行，球场喷灌系统设计一般选用带有碎水装置的喷头，故没有进行雾化指标的校核。

（1）土壤允许喷灌强度的校核

喷灌强度是指单位时间内喷洒在地面上的水深，喷灌强度的大小与时间、喷洒面积有关。允许喷灌强度是控制喷灌强度的重要指标，为了避免在灌水过程中产生径流，喷灌系统的设计喷灌强度不得大于土壤的允许喷灌强度。根据《喷灌工程技术规范》（GBJ85-85），不同地质的土壤和不同地形坡度的允许喷灌强度（$\rho_{允许}$）按表6-3和表6-4确定。

▶ 表6-3 土壤允许喷灌强度表

土壤类别	砂土	砂壤土	壤土	壤黏土	黏土
允许喷灌强度 /（毫米·时$^{-1}$）	20	15	12	10	8

当草坪地面坡度大于5%时，草坪允许喷灌强度应按表6-4修改确定。

▶ 表6-4 土壤允许喷灌强度表

地面坡度 /%	允许喷灌强度降低 /%	地面坡度 /%	允许喷灌强度降低 /%
5~8	20	13~20	60
9~12	40	>20	75

（2）喷灌均匀度的控制

喷灌均匀度是表示一定面积上水量分布均匀程度的指标，我国喷灌均匀度系数采用克里斯琴森（Christiansen）公式计算。为了保证喷灌系统的均匀度系数不低于75%，必须做到合理规划设计喷头和支管的组合间距，对于球场喷灌系统，喷头间距选择16米以下较好，并应考虑风速的影响；同时，同一支管上任意喷头之间的工作压力差应在设计喷头工作压力的

20% 以内。

五、高尔夫球场喷灌系统日常维护

（一）喷灌系统使用注意事项

（1）使用前应检查喷头竖管是否垂直，支架是否稳固。竖管不垂直会影响喷头旋转的可靠性和喷水的均匀性；支架安装不稳，运行中会被喷水作用力所推倒，损坏喷头和砸坏草坪。

（2）先关好干、支管道上的阀门，然后起动水泵，待水泵达到额定转速后，再依次打开总阀和支管上的阀门，以使水泵在低负载下起动，避免超载，并防止管道因水锤引起的振动。

（3）注意监测喷灌系统各部的压力，干管的水力损失应不超过经济值；支管的压力降低幅度，不得超过支管最高压力的 20%。

（4）在运行中要随时观测喷灌强度是否适当，要求土壤表面不得产生径流积水。喷灌强度大时，应及时降低工作压力或换用直径较小的喷嘴，以减小喷灌强度。

（5）运行中喷灌均匀度应不小于0.8。如果均匀度较差，可用提高整个喷灌季度喷灌均匀度的办法加以弥补。具体做法是第二次喷灌时把喷头布置在第一次喷灌的两个喷头之间，第三次喷灌时喷头的位置又与第一次相同。

（6）喷灌应在无风或风小时进行，如必须有风时喷灌，则应减小各喷头间的距离，或采用顺风扇形喷灌。在风力达 3 级以上时，应停止喷灌。

（7）在喷灌运行中注意防止水舌喷到带电线路上，并在移动管道时避开线路，以防发生漏电事故。

（二）喷灌系统的维护

（1）每次喷灌后，要将机、泵、喷头擦洗干净，转动部分及时加油防锈；冬季要把泵内及管内存水放尽，以防冻裂。

（2）喷灌系统长时间不用，应把喷头分解，检查空心轴、套轴、垫围等转动部件是否有异常磨损，并及时检修或更换损坏件。各部件应清洗干净并在各表面涂油后装好；管道内存水要放尽，防锈漆脱落的要修补，软管冲洗干净后要晾干。全部设备维护完后，放在干燥的库房中保存。

（三）喷头常见故障及排除

喷头的形式较多，下面介绍摇臂式（图6-4）和涡轮蜗杆式（图6-5）喷头的常见故障及排除方法。

图 6-4 摇臂式喷头

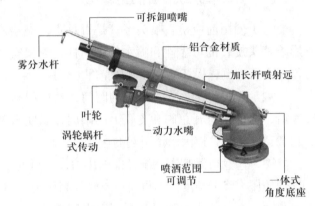

可拆卸喷嘴

雾分水杆

铝合金材质

加长杆喷射远

叶轮

涡轮蜗杆式传动

动力水嘴

喷洒范围可调节

一体式角度底座

图 6-5 涡轮蜗杆式喷头

1. 水舌性状异常

旋转式喷头如果工作正常，在无他物（摇臂式的导水器或涡轮蜗杆的叶轮）阻挡时，水舌在离开喷嘴附近应有一光滑、透明的圆形密实段，在密实段之后水舌才逐渐渗气变白并被粉碎；其射程不应小于标准值的85%，且应雾化良好。否则为水舌性状异常。其表现形式为：① 水舌刚离开喷嘴，表面就毛糙不透明，但水舌主流仍是圆形的。原因是喷头加工粗糙，有毛刺或损伤，应将喷头磨光或更换喷嘴。② 水舌刚一离开喷嘴就散开，没有圆形密实段。主要原因为喷嘴内部损坏严重，应予以更换；整流器扭曲变形，应修理或更换；流道内有异物堵塞，应清除异物。

2. 水舌性状尚可但射程不够

主要原因：

（1）射程不够，但水舌雾化还好。主要原因是喷头转速太快，应调小喷头转速。

（2）射程不够，且水舌雾化也差。主要原因是工作压力不够，要按要求调高压力。

3. 摇臂式喷头转动不正常

主要原因：

（1）摇臂工作正常，但喷头不转或转动很慢。原因为：① 空心轴与套轴间隙太小，应加大其间隙。② 两者之间被进入的泥沙阻塞，应拆下清洗干净。③ 安装时套轴拧得太紧，应适当放松。

（2）摇臂张角太小

原因：① 摇臂弹簧压得太紧，应适当调松。② 摇臂安装过高，异水器不能完全切入水舌，应调低。③ 摇臂和摇臂轴配合过紧，应加大间隙。④ 水压不足，应调高水压。

（3）摇臂张角够大，但敲击无力

原因：导流器切入水舌太深，使摇臂的力量尚未完全敲击在喷体上即被冲开，应将敲击锤加厚。

（4）摇臂敲击频率不稳定，忽快忽慢

原因：摇臂和轴配合松动或摇臂轴松动，应查明原因并纠正。

（5）摇臂甩开后不能返回。主要原因是摇臂弹簧太松，应调紧弹簧。

4. 涡轮蜗杆式（叶轮式）喷头转动不正常

（1）叶轮空转，但喷头不转

主要原因：① 叶轮轴与小涡轮之间连接螺丝松脱或销钉脱落，应拧紧。② 大涡轮与套轴之间的定位螺丝松动，应拧紧。③ 换向齿滑搭，应扳动换向拨杆使齿轮搭上。

（2）水舌正常，但叶轮不转，喷体也不转

主要原因：① 涡轮蜗杆或齿轮缺油，阻力过大，应加润滑油。② 定位螺丝拧得太紧，致使大涡轮产生偏心，应适松开。③ 叶轮被异物卡死，应清除。④ 涡轮、齿轮或空心轴与套轴之间锈死，应除锈加油后装复。

5. 喷头转动部分漏水

主要原因：

（1）垫圈中进入泥沙，使密封面不密封，应拆下空心轴，清洗干净。

（2）喷头加工精度不够，空心轴与套轴的端面不能密合，应修理或更换。

思考与实训

1. 简述高尔夫球场草坪日常维护内容。

2. 简述高尔夫球场草坪杂草的分类及危害。

3. 简述高尔夫球场草坪常见的病害。

4. 简述高尔夫球场草坪虫害的常见防治方法。

5. 简述高尔夫球场常用喷灌控制方式。

6. 高尔夫球场灌溉系统中，喷头的布置有哪些形式，如何确定喷头布置间距？

7. 高尔夫球场喷灌系统在使用时的注意事项有哪些？

第七章

高尔夫球场草坪机械管理

本章导言

高尔夫球场草坪机械大都属于中小型设备，具有价格贵、数量多、使用频率高、更新周期快等特点，为了使球场草坪品质达到最佳，配置合理且保养良好的草坪机械设备必不可少。草坪机械使用与管理是球场管理的一个重要组成部分。本章主要介绍高尔夫球场常用草坪机械及其基本操作、管理等内容。

学习目标

1. 了解常见高尔夫球场草坪机械的分类，学会高尔夫球场常规草坪机械的基本操作，掌握日常维护与保养草坪机械的方法。

2. 培养高尔夫球场草坪机械设备日常维护与管理能力。

第一节　高尔夫球场常用草坪机械简介

一个标准 18 洞球场，一般面积在 1 200 亩以上，其草坪面积一般为 25 万~40 万平方米。草坪机械在球场固定资产的投入占比很大，一般一个标准 18 洞球场的草坪机械价值在 500 万~600 万元。高尔夫球场草坪机械设备的型号、数量配置较为复杂，须考虑地理位置、草坪特征、球场经营情况、成本投入等因素。高尔夫球场草坪机械设备种类繁多，分类方式也各不相同。根据高尔夫球场使用的机械情况，球场草坪机械可分为两大类，即草坪建植机械和草坪养护机械。

草坪建植机械是与草坪早期建植工作作业有关的机械总称，主要指建造坪床所需要的机具，主要有：平地机械，如挖掘机、挖土机、平地机、装载机等；耕地机械，如圆盘犁、旋耕机等；整地机械，如圆盘耙、齿耙、滚动耙、镇压器等；播种机械，如条播机、撒播机、喷播机、补播机等；移植机械，如起草皮机、植生带生产设备等。

草坪养护机械是指草坪建植以后，在草坪使用期内保持草坪功能而对其进行一系列养护所涉及的设备。根据草坪养护作业不同，可分为五类：修剪类机械，如果岭剪草机、三联剪草机、旋刀剪草机；中耕类机械，如打孔机、草坪梳草机、草坪切根机、草坪滚压机、草坪切边机等；施肥类机械，如化肥撒播机、氨肥施用机、厩肥撒布机等；给排水类机械，如水泵、喷灌机、微灌系统、排水机、开沟机等；病虫害防治类机械，如喷雾机、喷烟机、热烟雾机等。

目前，高尔夫球场日常运营中主要用到的机械为草坪养护类机械。本章将重点介绍修剪类机械、中耕类机械及其他草坪养护机械。

一、修剪类机械

剪草机是专门修剪草坪，并具有调节剪草高度功能的机械。草坪管理中日常工作中工作量最大、最为繁重的工作就是草坪修剪，因此高尔夫球场草坪养护机械数量最多的就是剪草机。

草坪修剪机械的发展从最初的手工作业、内燃机驱动，到如今的电动、液压、电子控制。草坪修剪机械的类型很多，按照配套动力和作业方式，可分为手推式、手扶推行式、手扶自行式、驾乘式、拖拉机式等；按照工作装置的不同，可分为滚刀式、旋刀式、往复割刀式和甩刀式等几种。不同类型、不同面积的草坪应选择不同类型的草坪修剪机械。滚刀式剪草机适合精细作业，能修剪高度在 3 毫米以上的草坪，用于高尔夫球场果岭、发球台、球道等重要区域的草坪修剪工作。旋刀式剪草机工作方式较为粗放，一般可剪草 2.5 厘米以上，通常在高草区及过渡区草坪养护使用。按高尔夫球场区域划分，草坪修剪机械可分为果岭修剪设备、高草区和景观修剪设备等。

（一）果岭修剪设备

1. 果岭剪草机

现代高尔夫球场果岭要求地形起伏，不规则，草坪停球性能良好，即击球人向第一目标击球后能立即停止，这样可以发挥出最高击球水平。为了使草坪草生长良好，好的果岭都需要得到很好的养护，果岭修剪每周至少 5 次，大多数球场每周修剪六七次。而高尔夫球比赛，对果岭养护水平要求更高，修剪频次也相应增加。

果岭草坪面积较小，草坪容易受到伤害，所以在果岭上作业的机械大多采用小型轻量化机械。果岭剪草机是果岭最为常见的机械设备，果岭剪草机主要有手扶式、手推式果岭和坐式三联果岭剪草机三大类（图 7-1）。手扶式果岭剪草机有动力驱动行走装置，作业时剪草机可以驱动前进，操作人员只要操纵方向即可。手推式果岭剪草机无动力驱动行走装置，作业时剪草机不能行走，需操作人员推着走。步行剪草机比坐式剪草机轻，对草坪压力更小，但坐式三联剪草机剪草速度更快，更节约时间与劳动力。

手扶式果岭剪草机　　　　手推式果岭剪草机　　　　坐式三联果岭剪草机

图 7-1　果岭剪草机

通常一个标准18洞球场，至少需配备6台手扶式（或手推式）果岭剪草机，考虑到维修、保养，可适当增加1~2台，另可配备两台坐式三联剪草机（果岭、发球台均可使用）。

2. **果岭剪草机基本结构**

高尔夫球场果岭剪草机种类虽多，但基本结构大致相同，均由机架、动力部分、剪草部分、传动部分、行走机构、集草斗和车轮等部分组成。下面主要介绍动力部分、传动部分和剪草部分。

（1）动力部分

发动机是剪草机最为重要的部件。目前市场上主要采用汽油发动机。四行程发动机由于其工作稳定性强、噪声小、油耗低、排放的污染少，被广泛应用。

（2）传动部分

目前市场上销售的各类果岭剪草机，其传动部分可分为皮带传动、链条传动和齿轮传动三种。其中齿轮传动最佳，传动平稳，精度高，噪声小。

（3）剪草部分

目前所使用的果岭剪草机的剪草宽度一般在18~26英寸（45.7~66厘米）。果岭剪草机是通过圆柱体滚刀的旋转和固定的平直底刀之间形成剪切运动来实现剪草的（图7-2）。

图7-2　滚刀和底刀结构图

果岭剪草机所能修剪的最低草坪高度，取决于底刀本身的厚度。对一台果岭剪草机来说，一般有几种不同厚度的底刀可供选配，通过更换底刀可调整剪草高度。根据不同草坪和季节，果岭修剪高度一般为3~7毫米。目前，最低修剪高度为锦标赛级别的2毫米和2.5毫米。

目前所使用的果岭剪草机有带梳草刀和不带梳草刀两种。使用带果岭梳草刀具的果岭剪草机，不仅可以帮助清除果岭上一些不必要的残留枯草层，还可以相对减少一些倾斜方向生长的果岭草，提高果岭的修剪质量，还可以根据需要在果岭剪草机上安装清扫刷，提高果岭的清洁程度。

（二）发球台和球道修剪设备

发球台的养护不及果岭要求高，但比其他区域的草坪要求更高，发球台草坪要求耐践踏性强，要求具备损伤后快速恢复的能力。发球台草坪的修剪频率不及果岭，生长季一般每两天修剪一次，根据生长情况或比赛的要求，发球台草坪一星期可以修剪 7 次。发球台区域可采用三联剪草机进行作业，其修剪高度一般高于果岭，为 10~15 毫米。

球道草坪管理没有果岭和发球台精细，修剪目的是在任何时刻都保持球道的基本状态。球道一般一星期修剪 3~4 次。根据生长条件和锦标赛的要求，球道的修剪次数可以增至一星期 5 次。球道中心草坪修剪高度一般为 10~20 毫米。球道上使用的草坪机械往往选用大型、中型机械设备，而且需要机械较多。通常采用三联剪草机和五联球道剪草机（图 7-3）进行作业，目前五联球道剪草机剪草宽度多数为 254 厘米、295 厘米，最宽可达 307 厘米，修剪速度非常快，效率高。

三联剪草机

五联剪草机

图 7-3　发球台与球道剪草机

通常一个标准 18 洞球场，可配备 5~6 台三联剪草机，2~4 台五联剪草机进行作业。

（三）高草区和景观修剪设备

高草区、边坡草坪管理比较粗放，管理中不需要投入太多精力，一般采用旋刀剪草机或割灌机（图 7-4）来完成高草区、边坡的修剪工作。高草区草坪修剪高度一般为 35~50 毫米，高草区间隔 5~10 天修剪一次。

旋刀剪草机 　　　　　　　　　　　　　　　割灌机

图 7-4　高草区剪草机械

通常一个标准 18 洞球场，可配备一台旋刀剪草机，多台割灌机设备进行作业。

景观修剪可采用绿篱修剪机（图 7-5），绿篱修剪机的用途是修剪景观区域的树篱、灌木。

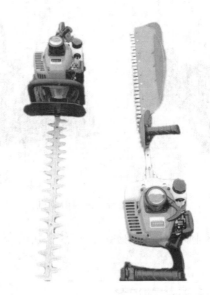

图 7-5　绿篱修剪机

二、中耕类机械

（一）打孔机械

草坪打孔是改善草坪通气、透水的有效方式。随着草坪的生长，草坪根部碎草密实，土壤逐渐板结，空气、水分、养分难以进入土壤，草根无法生长，造成草坪早衰。草坪打孔可使土壤疏松、潮湿、肥沃，促进根系生长，使草坪重新获得生机。草坪打洞通气养护（图7-6）是指在草坪上用机具打出一些一定密度和深度的孔洞，以延长绿色观赏期和使用寿命。

图 7-6　打孔作业

草坪打孔通气机简称草坪打孔机，草坪打孔机是按草坪通气养护要求，在草坪上按一定的行、间距和深度用中空的管形刀具打孔，用实心的棒状或片状物轧孔或用一定厚度的薄刀片开槽以实现空气和养分直接进入草坪植株根部的设备。

1. 草坪打孔机的分类与结构

按照使用部位不同，打孔机分为果岭打孔机、发球台打孔机和球道打孔机。

按照操作方式不同，打孔机分为手动打孔机和机动打孔机。高尔夫球场草坪通常采用机动打孔机，用于果岭、球道等区域的打孔。

根据刀具在作业时的运动方式，机动打孔机可分成垂直打孔机和滚动打孔机，高尔夫球场属于精细化管理的草坪，大多数采用垂直打孔机。

（1）垂直打孔机

在进行打孔作业时垂直打孔机刀具做垂直上下运动，使打出的通气孔垂直于地面而没有挑土现象，从而提高打孔作业的质量。步行操纵自走式打孔机主要由发动机、传动系统、垂直打孔装置、运动补偿机构、行走装置、操纵机构等组成。发动机的动力通过传动系统一方面驱动行走轮，另一方面通过曲柄滑块机构使打孔刀具做垂直往返运动。为保证刀具打孔作业时垂直运动而不产生挑土现象，运动补偿机构在刀具插入草坪后，能推动刀具向相反于机器前进的方向移动，且其移动速度正好等于机器前进的速度，这样就能使刀具在打孔过程中相对地面保持垂直状态。当刀具拔出地面后，补偿机构又能使刀具快速回位，准备进行下一次打孔。果岭和发球台区域通常采用手扶式垂直打孔机，这种打孔机重量轻，不会在果岭上压出沟痕，而球道打孔机通常采用坐式垂直打孔机（图7-7）。

手扶式垂直果岭打孔机　　　　　　　坐式垂直球道打孔机

图7-7　垂直打孔机

（2）滚动打孔机

它主要由发动机、机架、扶手、操纵机构、地轮、镇压轮或配重、动力传动机构、刀辊等部件组成。发动机的动力通过传动系统一方面驱动行走轮，另一方面驱动刀辊滚动前进，安装在刀辊上的打孔刀具依次插入和拔出土壤，在草坪上留下通气孔。这种类型的打孔机主要依靠机器本身的重量进行打孔，所以其上均配有镇压轮或配重，以增强打孔刀具的入土能力。它的主要工作部件是刀辊，具有两种形式，一种是在圆柱滚筒上均匀安装着打孔刀具，另一种是在一系列圆盘或等边多边形的顶角上安装着固定或角度可调的打孔刀具。在球道和高草区可采用滚动式打孔机（图7-8）。

图 7-8　滚动式打孔机

通常一个标准 18 洞高尔夫球场，需至少配备一台果岭打孔机和一台球道打孔机进行作业，另考虑维修、养护等需要，可适当增加 1~2 台设备。

2. 打孔刀具

根据草坪打孔透气要求的不同，通常有扁平深穿刺刀、空心管刀、圆锥实心刀、扁平切根刀等类型的刀具用于草坪打孔作业。

扁平深穿刺刀主要用于土壤通气和深层土壤的耕种。

空心管刀刀具为一空心圆管，打洞作业时可以将洞中土壤带出，通过草坪的洞将肥料进入草坪根部，加快水分的渗透和空气的扩散，也可在洞中填入新土更新。

圆锥实心刀在作业时插入草坪留下洞，洞的四周被压实，用于尽快干燥草坪表面的积水，让水流入洞中。

扁平切根刀主要用于切断草坪的部分草根，能促使草坪均匀更好地生长。

要获得健康的草坪，那在草坪养护过程中要针对草坪的状况选择适合的打孔机以及打孔时机，并制定出最佳的打孔方案。

（二）草坪梳草机

草坪生长过程中枯死的根、茎、叶堆积在草坪上，会阻碍土壤吸收水分、空气和肥料，导致土壤贫瘠，抑制植株新叶的生长，影响草的浅根发育,如遇干旱和严寒气候将导致其死亡。因此,需要用草坪梳草机来梳去枯萎的草叶,促进草的生长发育。

草坪梳草机是工作装置按一定规律排列,固定在轴上的刀片随轴做垂直于地面高速旋转而达到撕扯草坪枯草并将其抛送到集草袋内或抛洒到草坪表面的机器。

草坪梳草机能梳草、梳根,有的还带有切根功能,其主要结构与旋耕机相似,梳草机有手推式、自走式、拖挂式多种。主要部件是带有弹性钢齿的耙,通过在草坪上行走,将枯草清除。梳草刀有弹性钢丝耙齿、直刀、"S"形刀和甩刀等形式(图7-9)。前三者结构简单,工作可靠。甩刀结构复杂,但克服变化外力的能力强,当突然遇到阻力增大时,甩刀会弯曲以减少冲击,有利于保护刀片及发动机的平稳性。自走式和拖挂式梳草机适合于面积较大的草坪,小面积可以使用钉齿耙。

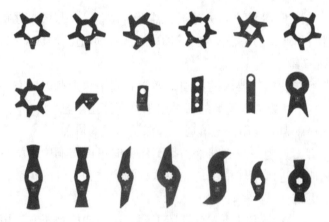

图7-9 各种梳草刀

根据动力方式不同,草坪梳草机一般可分为手推式和拖拉机悬挂式两种(图7-10)。

手推式梳草机主要由扶手、机架、地轮、限深辊或限深轮、发动机、传动机构和梳草刀辊等组成。梳草刀辊是在一根轴上装有许多具有一定间距的垂直刀片,发动机动力输出轴通过皮带与刀轴相连,带动刀片高速旋转,刀片接近草坪时,撕扯枯萎的草叶并将其抛到草坪上,待后续作业机具清理。刀片切入深度的调节可通过调节机构改变限深辊或限深轮的高度,或通过调节行走轮和刀轴的相对距离来实现。

手拖式梳草机　　　　　　　　　　　拖拉机悬挂式梳草机

图 7-10　梳草机

采用拖拉机悬挂式梳草机是将发动机的动力通过动力输出装置传递到刀辊轴上，带动刀片旋转。刀片的切入深度由拖拉机的液压悬挂系统来调节。

通常一个标准 18 洞高尔夫球场，需配备 1~2 台果岭梳草机、一台悬挂式梳草机进行作业。

（三）草坪滚压机

草坪铺植后滚压，可使草坪根部与坪床土壤紧密结合，吸收水分，易产生新根，利于成坪；可提高场地的硬度与平整度；可使草坪组成花纹，提高草坪观赏效果；可有控制草坪草向上生长，促进草坪分蘖，增加草坪密度。在成长季节滚压，可使叶丛紧密而平整，抑制杂草入侵。

草坪滚压机又称镇压机械，是利用碾压滚对草坪进行滚压的机械。滚压机既可以滚压坪床，又可以滚压草坪。

高尔夫球场草坪滚压机有手扶式和乘坐式两种（图 7-11）。手扶式（随进式）草坪滚压机是一种由操作者步行跟随操纵，自带动力驱动前进进行草坪滚压作业的草坪滚压机。乘坐式（坐骑式）草坪滚压机是一种由操作者坐在驾驶座上操纵机器，进行草坪滚压作业的草坪滚压机。

滚压机的滚压幅宽为 0.6~1 米，重量为 120~500 千克，滚压机带的滚筒一般是重量可调的空心滚，根据球场土壤状况和草坪建植需要注水或加沙来调节重量。大型拖拉机牵引的滚压机幅宽可达 2 米以上，重量达 3 500千克。

手扶式草坪滚压机　　　　　　　乘坐式草坪滚压机

图 7-11　草坪滚压机

通常一个标准 18 洞高尔夫球场，需配备 1~2 台果岭滚压机和一台乘坐式滚压机进行作业。

三、其他草坪养护机械

（一）病虫害防治类机械

草坪喷药机械，又称打药机，是实现将化学药剂喷洒到感染病虫害草坪有效部位的机械。

草坪喷药机械按动力来源分为机械和人力喷药机；按配置形式分为便携式、手扶式、自行式、牵引式和悬挂式等；按喷药方法分为液压喷药、气压喷药、静电喷药、离心喷药等。下面主要介绍草坪喷雾车、背负式打药机、推行式打药机和拖挂式打药机（图 7-12）。

1. 草坪喷雾车

又称草坪打药车，它是高尔夫球场常使用的大型杀虫治病机械。它是以汽车为动力和承载体的喷雾机械，它利用泵将液体药剂加压，通过喷头喷出，与空气撞击后雾化成极其细小的雾滴。喷雾车的喷洒装置布置在车的尾部，药液通过喷洒架上均匀布置的喷头喷出。

2. 背负式打药机

它是由操作者背负，用摇杆操作液泵（通常是隔膜泵或活塞泵），对草坪进行病虫害防治药物喷洒的机器。这类打药机重量轻、体积小，但效率低，一般作为辅助工具来使用。

3. 推行式打药机

又称手推打药机，其装药液的容器、药液输送机构和喷洒机构都安装在一辆由人力推行的小车上。

4. 拖挂式打药机

拖挂式打药机是挂接在拖拉机上，以拖拉机为动力或自带动力机驱动输送和喷洒防治病虫害药物的机器。

通常一个标准18洞高尔夫球场，需配备2~3台大型草坪打药机及数台小型打药设备进行作业。

草坪喷雾车　　　　　　　　　　　　　背负式打药机

推行式打药机　　　　　　　　　　　　拖挂式打药机

图 7-12　草坪喷药机械

（二）覆沙机械

在高尔夫球场设备中，覆沙机是常用草坪机械设备之一，覆沙可促进草坪坪面平整，为根系生长提供空间，并可起到抑制匍匐茎浮起，消除草坪表面絮结，补充养分，抑制苔藓和藻类生长等多种作用。

草坪覆沙机按工作形式分为手扶式、车载式、牵引式三种（图7-13）。

手扶式覆沙机

车载式覆沙机

牵引式覆沙机

图7-13 草坪覆沙机

1. 手扶式覆沙机

果岭和发球台等草坪面积较小的区域采用手扶式覆沙机，手扶式覆沙机以小型汽油发动机为动力，覆沙方式为滚刷直落式，果岭覆沙机的料斗容量一般小于0.5立方米，料斗容量太大会因承重太大造成覆沙机重量太沉，从而使覆沙机工作时在草坪表面压出沟痕，造成草坪伤害。

2. 车载式覆沙机

车载式覆沙机以多功能车为载体，并由其向覆沙机驱动马达提供动力，这类机器的特点是转运时间快，效率较高。缺点是因为要考虑到多功能车自身的安全，覆沙斗中不能装载太多的物料，料斗容量一般在0.3立方米左右。

3. 牵引式覆沙机

牵引式覆沙机主要用于球道等草坪面积较大的区域，这类覆沙机料斗比较大，承载的沙料多，适合于大面积草坪上工作。牵引式覆沙机由拖拉机或多功能车牵引并提供动力。大型覆沙机的轮胎必须采用宽幅、低压草坪轮胎。

覆沙机按覆沙的方式有直落式和甩盘式，大多数覆沙机采用直落式，而球道覆沙机或车载覆沙机则使用甩盘式，甩盘式覆沙机的工作幅度很宽。甩盘式覆沙机覆沙时撒出的沙料到草坪根部时厚度相对较厚。直落式覆沙机铺到地面的沙料厚度薄。甩盘式覆沙机除覆沙外还可用作施肥机来撒布颗粒肥料，撒布宽度可达十几米，工作效率非常高。

通常一个标准高尔夫球场，需配备多台手扶式覆沙机、一台车载式、一台牵引式覆沙机进行作业。

（三）施肥机械

施肥可使草坪保持较好的色泽，草坪致密、生长茂盛，提高草坪对杂草、病虫害的抵抗作用，提高草坪对不良环境的抵抗力，增强草坪活力。草坪施肥机是用于草坪施肥的机械。

草坪施肥机按施肥装置不同分为手推式和拖拉机驱动式两种（图7-14）。

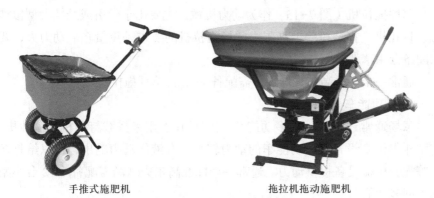

手推式施肥机　　　　　　　　拖拉机拖动施肥机

图 7-14　草坪施肥机

1. 手推式施肥机

手推式施肥机主要用于小面积草坪的施肥作业，其由安装在轮子上的料斗、排料装置、轮子和手推把组成。

2. 拖拉机拖动施肥机

它由拖拉机驱动的施肥机，主要有转盘式、双辊供料式和摆动喷管式三种。

转盘式施肥机主要由一个倒锥形料斗和安装在料斗底部的转盘组成，转盘有沿径向布置的挡板。作业时，拖拉机动力输出轴驱动转盘高速旋转，肥料从料斗与转盘间的缝隙落入转盘，在离心力的作用下甩出转盘撒向草坪地面。

双辊供料式施肥机由拖拉机挂接或牵引，由料斗和位于其底部的两个橡胶辊组成，作业时由拖拉机动力输出轴经传动、变速机构驱动两个橡胶辊旋转，将肥料不断从料斗中排出，撒落到草坪上，施肥量由改变橡胶辊的转速实现。

摆动喷管施肥机用可摆动的喷管代替转盘，摆动喷管由拖拉机动力输出轴驱动的偏心装置相连接而摆动。有一个或数个长三角形的调节圆盘安装在料斗底部出料孔的上部，通过相对转动调节施肥量，喷洒的宽度大于机器本身。

（四）其他辅助机械

1. 草坪拖拉机

草坪拖拉机（图7-15）作为动力机械，主要用于牵引或悬挂大型覆沙机、打孔机、打药机等。高尔夫球场拖拉机的要求是重量轻，动力大，要求配备专用草坪轮胎。

通常一个标准高尔夫球场，需配备1~2台草坪拖拉机。

2. 多功能车

球场通常还配备一些多功能车（图7-16）用来搭载打药机、覆沙机、施肥斗等配套设备。多功能车的动力较大，有液压动力输出，可以给打药机等配套机械设备提供动力。通常一个标准高尔夫球场需配备1~2台小型和中型多功能车。

图7-15　草坪拖拉机

图7-16　多功能车

3. 吸草机

剪草机修剪时会产生大量的草屑，球场草坪修剪后须及时清除，清扫草屑的设备就是吸草机。果岭和发球台由于草坪面积较小，且每次剪下的草屑也不多，果岭机本身带的集草箱就能满足要求。因此一般不需要配备

专门的吸草机。但大面积球道修剪时
会产生大量草屑，这就要配备大型吸
草机。大型吸草机由拖拉机牵引，自
带发动机，发动机带动鼓风机起到清
扫作用。吸草机（图7-17）除吸草
屑外，还可以用于清理打孔出现的
土柱。

图 7-17　吸草机

4. 耙沙机

高尔夫球场需配备 1~2 台耙沙机
（图7-18），用于沙坑的整形。耙沙机
要求重量轻、速度快。在球场建造的前期耙沙机还可用于坪床整形、造型。

图 7-18　耙沙机

5. 清扫机

（1）果岭清扫机（图7-19）

果岭手推式清扫机

果岭车式清扫机

图 7-19　果岭清扫机

　　果岭清扫机主要用于高尔夫球场果岭区，清扫打孔作业后遗留的草楔或土楔，也可校正生长方向不正确的果岭草坪以及枯草清除、刷新等。

　　（2）球道清扫机（图7-20）

　　球道清扫机主要用于高尔夫球场的球道、长草区、林带，用于清除草木、枯枝落叶等碎屑。它属于液压大罐牵引式。在回转刷子清扫机上附加强力鼓风机，将地面碎屑吸入大型装料罐。其操作简单、工作效率高、清除能力强。

图7-20　球道清扫机

　　球场还需要配备一些小型机械，如气浮机、切边机、起草皮机、吹风机等工具性的机械用于草坪管理。另外，磨刀机也是球场必须配备的辅助设备。剪草机工作时间久后，底刀和滚刀会磨损，须定期打磨。磨刀机是用来打磨滚刀和滚刀的设备。一般一个18洞球场须配备一台底刀磨刀机和一台滚刀磨刀机。

第二节　高尔夫球场常用草坪机械基本操作

一、剪草类机械基本操作

　　剪草类机械虽然结构、品种、品牌较多，但基本操作及注意事项基本类似，现从剪草类机械操作使用前注意事项和各类剪草机械的常规操作几个方面进行介绍。

（一）剪草类机械操作使用前注意事项

　　（1）操作者必须认真阅读和熟悉剪草机使用说明，掌握使用方法后方可使用。

　　（2）操作者应穿长裤和工作鞋，不得穿凉鞋或打赤脚，必要时戴防护眼镜，以防止剪草时发生意外伤及眼睛。

　　（3）剪草机附近有非操作人员时，不得作业。

　　（4）作业前应清除草地上的石块、棍棒、铁丝等杂物，以免打草时碰到杂物打伤人、损坏机械。

（5）打草时应选择良好天气，不要在雨后打草，以免草皮太湿，造成机械堵塞。

（6）每次启动机械前，要检查刀片和发动机的安装螺丝是否拧紧，检查发动机是否需要加机油，但不要超过标准刻度位置；检查汽油是否足量。

（7）启动机械前要按规定添加燃油，为避免火灾，不得将燃油加得过满。若油洒在机器表面，应擦净；若洒在地上，应将机器挪开到一定距离后方可启动机器。

（8）启动机械前，应检查切割机构、防护装置和传动装置是否正常。检查剪草机的刀片，一旦发现刀片裂，刀口缺口或钝，应及时更换、磨利。

（9）带有离合器或紧急制动的切割装置，启动前应使机构处于分离状态。

（10）草坪剪草机折叠把手应在作业前锁紧，防止作业时意外松脱而失控。

（二）各类剪草类机械的操作

1. 手推果岭剪草机的操作

（1）检查机械的性能是否正常，机械有否损坏。

（2）检查剪草高度是否合适。

（3）检查机油是否适当，油量是否充足，若油量不充足，先确定所使用油的类型，再加油。

（4）将机械小心推上运输车或拖斗并用绑带绑紧。

（5）到达目标剪草果岭后，小心轻放下剪草机，移去果岭旗杆并放置于不阻碍剪草操作的区域。

（6）剪草前先检查一遍果岭，挑球痕并捡拾果岭上的石子等杂物。

（7）启动机械，捏紧离合，将剪草机推到果岭边时松离合，去掉运输轮。

（8）打开行走开关，并打开刀片运作开关。

（9）从果岭中间线开始剪果岭，来回方向剪草保证剪草方向竖直，完成半个果岭后回到中间位置再剪另一半。

（10）在空间允许的情况下，果岭剪草机转方向时范围要尽量大，这样更有利于保护草坪。

（11）为确保无漏剪，在剪草时尽量压过刚完成的剪草线条的2~3英寸宽。

（12）车斗的草屑量不要超过车斗容积的一半。

（13）剪完果岭后须清除残留在果岭及果岭边的草屑。

（14）用完机械后须清洗，清洗时注意要等机械冷却后才可清洗，且用低压力冲洗。

（15）冲洗后将机械加油并放置于指定地点。

（16）剪草机有任何问题须向主管或机修人员报告。

2. 球道剪草机的操作

（1）使用前检查所有机械的轮胎气压，机油是否适量，汽油是否充足。

（2）将机械开到指定的剪草区。

（3）剪草前须检查并清除剪草区的树枝、球标、铁钉、垃圾袋、水瓶、石块等剪草障碍物，以免损坏机械。

（4）确定剪草范围，选择起始地点及方向，放下滚刀，启动机械，开始剪草。

（5）剪草过程中须保持匀速行驶，以保证剪草质量及避免机械损坏。

（6）剪草时尽量不要漏剪，完成一个区域后须回头检查，若有漏剪须补剪。

（7）如附近有客人在打球，操作者应降低转速或关掉机械以免影响客人打球。

（8）操作者要注意安全，警惕安全警报。

（9）剪陡坡时操作要特别小心。

（10）如有机械故障，应立即向主管汇报。

（11）作业完成后必须清洗机械设备。

（12）清洗完毕后加油并将机械设备停放于规定的区域，以便下次使用。

3. 发球台三联剪草机的操作

（1）检查机械的编号，保证拿到正确的机器，检查机械是否有损坏。

（2）检查机油、燃料油是否充足，如果需要，加相应类型的油。

（3）启动机械，确保机械的正常性能，并预热机械。然后将机械开到指定位置。

（4）拿开tee marker，并且把它们放在与球台平行的长草里。

（5）按规定的方向剪发球台，像用手推果岭机那样剪，一定要沿直线剪。

（6）要沿发球台内圈剪一次，小心不要剪到长草里。

（7）转圈必须缓慢，并注意与发球台的距离以免对草坪有任何损伤，要注意操作完全。如果发球台周围有绿化或者别的原因不能离开发球台再转弯，必须在每一条线剪完后倒退机器，在发球台上转圈，把 tee marker 放回原处。

（8）草斗的草屑集满一半时，就要倒草，把草屑倒散在长草里，再去剪另一个发球台，剪完后把机械开回维护部，用低压水管冲洗。

（9）把油加满，把机械开到机修处检查，如有任何损坏，要向机修主管报告。

4. 气垫剪草机和旋刀式剪草机的操作

（1）检查机器编号，保证拿到正确的机械。

（2）检查机械是否损坏。

（3）保证刀片已经上紧。如果刀片是用尼龙绳固定，则要保证尼龙绳已经上好，刀片已经上紧。

（4）保证所有安全部件都已经到位。穿戴好防护用具，开机时要保证机械运作正常。

（5）取机械时，用脚帮忙抬放，而不要用背。在用气垫式剪草机或者旋刀式剪草机剪陡坡时，要穿戴好安全绳。

（6）当到达目的地时，把剪草机放到地上，用脚踩住剪草机上合适的部位再发动。

（7）剪完后，清理剪出的草屑，把机械开回草坪部，并且用低压水管清洗，要保证发动机冷却后再放水冲洗。

（8）注意气垫式剪草机不要用水冲洗，而要用气吹洗。

（9）把机械拿到机修处检查，如有任何问题，要告诉机修主管。

5. 割灌机的操作

（1）检查燃油量、刀盘、背带等是否正常，设备有无松动、漏油、损伤或变形情况，检查安全装置是否牢固，如有松动应拧紧。

（2）将机械放置在平坦坚实的地方，保证割刀头周围没有其他物品。

（3）确认燃料箱的盖子拧紧，打开燃料箱开关。

（4）把风门开关移至关闭位置。

（5）油门开关设定在怠速位置。

（6）握住机器，快速拉出启动器拉绳。

（7）在引擎启动后逐渐打开风门，让引擎转动 2~3 分钟预热。

（8）佩戴调整好肩背带，开始割草作业。

（9）操作时把油门加到底。

（10）顺刀盘转动方向操作。

（11）每工作一小时，停机休息冷却机具 10~20 分钟，检查机油、燃油，按需补充。

（12）操作割灌机时，严禁吸烟和打闹，发动机正在运转、发动机过热或机械旁有人抽烟时，禁止加油。

（13）作业中，要经常注意割灌机有无异常现象，若有异常声音或零件松动情况，应立即停机进行检修。

（14）工作停止后，要将机械夹带杂物清除干净，机械各部位擦洗干净，各手柄放到停止位置，关闭油路，填写运行记录。

二、中耕类机械基本操作

（一）打孔机械的基本操作

1. 打孔机械操作使用前注意事项

（1）检查机械上的各个部件螺栓是否紧固，打孔针是否紧固。

（2）检查燃油箱的油量，只能使用 90 号以上的纯汽油，最好选用 92 号汽油。

（3）检查发动机机油位，将发动机放置在水平位置，并将加油口周围清洗干净。取下机油尺，用干净布擦去机油，然后重新插入油底中，再次取下机油尺，检查机油尺的刻度。如果油面过低，就应添加机油，一直添加到油尺中的上刻线。注意，机油油面过低，会引起发动机故障，但油面也不要超过上刻度。机油过多，会引起功率下降和冒烟。机油如果发黑或者浑浊就应更换机油。机油箱内如果没有机油，严禁启动机器。

（4）检查空气滤清器的滤芯是否堵塞，如果有灰尘甚至有油污应立刻清理。注意，决不能使用无空气滤清器的发动机，否则会加速发动机的磨损。

（5）检查汽油机外观和底部是否漏油，擦掉过多的脏物残渣，检查火花塞帽是否按紧。

（6）使用草坪打孔机工作之前，应将草坪剪至其正常高度，使草坪保持一定的湿度。湿润环境能减少草的损伤，但草坪湿度不可过大，湿度过大易引起滑倒，存在危险因素。

（7）在启动机械之前检查要作业的草坪，清理石头、金属线、绳子和其他可能引起危险的物品，并且要将草坪地上的障碍物如喷头、树桩、阀门、晾衣线桩等做好标记。

（8）作业无关人员，特别是儿童要远离打孔机作业区域。

2. 打孔机械的常规操作

（1）启动草坪打孔机

① 把燃油阀扳到开位置。

② 把阻风门拉杆扳到关的位置。

③ 重新启动处于热机状态的汽油机，需要把阻风门拉杆扳到开的位置。

④ 把节气门拉杆从慢向快方向移动约三分之一。

⑤ 把汽油机开关旋到开的位置。

⑥ 轻轻拉动反冲起动手柄直到感觉有阻力，然后用力快速一拉，再慢慢放回手柄。

⑦ 启动汽油机，如果阻风门拉杆被移在关的位置，慢慢把它移到开的位置，同时让汽油机预热。

⑧ 合上离合器，把打孔机开至须打孔草坪处，放下起落手把，打孔机即能开始工作。打孔前须对草坪进行喷水（或可雨后打孔），方能达到理想的打孔效果。

（2）关停草坪打孔机

在紧急情况下关停草坪打孔机，只需将汽油机开关转到关的位置。在正常情况下按以下步骤关停汽油机：

① 把节气门拉杆扳到低速位置。

② 把燃油阀旋至关的位置。

③ 把汽油机开关旋到关的位置。

④ 收起起落手把。

（3）草坪打孔机工作运行时的注意事项

① 在使用草坪打孔机前，一定阅读使用说明书，操作人员一定要培训

合格后再上岗。

② 启动发动机以前，一定要进行发动前的各项检查。

③ 冷机要在低速运转 3 分钟后再正常工作，非工作状态时，不要长时间使用最大油门。

④ 启动发动机，调整油门到操作者正常行走速度，以便操作者能始终舒适地控制机器。

⑤ 不得在坡度大于 30° 的斜坡上工作，打孔机不得用于除草坪外的其他地面作业。

⑥ 机器运转时，不得将手或脚置于可移动或转动的零部件旁，否则会造成人员伤亡。

⑦ 操作过程中禁止打开传动护罩装置。

⑧ 不得擅自改动草坪打孔机的各种配置。

⑨ 不要在有明火处或能产生火花的装置附近储存和使用草坪打孔机。

⑩ 不要触摸发热的消声器、缸体或散热片，这些零件有可能引起烫伤。

（二）草坪梳草机的基本操作

1. 草坪梳草机操作使用前注意事项

（1）先检查外观，所有螺母、螺栓和螺钉是否紧固。

（2）检查汽油机外观和底部，观察是否漏油。

（3）擦掉过多的脏物残渣，尤其是消声器和反冲启动器周围的脏物。

（4）检查汽油机机油箱内的机油，检查燃料箱汽油，燃料箱中汽油油位是否过低。严禁在加油时吸烟。

（5）检查空气滤芯，拆开空滤器外壳检查空滤器，清洁或更换脏的空滤芯。

（6）检查火花塞帽是否按紧。

（7）将草坪剪至正常高度。工作时严禁调节工作高度。

（8）使用草坪梳草机工作之前，应使草坪保持一定的湿度，湿润环境能减少草的损伤，但草坪湿度不可过大，湿度过大易引起滑倒，存在安全隐患。

（9）在启动机械之前检查要作业的草坪，清理石头、金属线、绳子和其他可能引起危险的物品，并且将草坪地上障碍物如喷头、树桩、阀门等做好标记。

2. 草坪梳草机的常规操作

（1）启动草坪梳草机

① 把燃油阀扳到开的位置。

② 阻风门拉杆扳到关的位置。

③ 重新启动处于热机状态的汽油机，则需要把阻风门拉杆扳到开的位置。

④ 把节气门拉杆从慢向快方向移动约三分之一。

⑤ 把汽油机开关旋到开的位置。

⑥ 轻轻拉动反冲起动手柄直到感觉有阻力，然后用力快速一拉，再慢慢放回手柄。

⑦ 启动汽油机，如果阻风门拉杆被移在关的位置，那么要慢慢将其移到开的位置，同时让汽油机预热。

（2）关停草坪梳草机

在紧急情况下关停草坪梳草机，只需将汽油机开关转到关位置。在正常情况下按以下步骤关停汽油机：

① 把节气拉杆扳到低速位置。

② 把燃油阀旋至关的位置。

③ 把汽油机开关旋到关的位置。

（三）草坪滚压机的基本操作

1. 滚压时间

草坪宜在生长季进行滚压，冷季型草坪草应在春、秋季草坪生长旺盛的季节进行，而暖季型草坪草则宜在夏季进行。其他的滚压时间通常要视具体情况而定，如坪床准备时、播种后、起草皮前和草皮铺植后要滚压，运动场草坪在赛前、赛后都要滚压；有土壤冻层的地区，春季土壤解冻后要滚压。

2. 滚压重量

推轮重量一般为 60~200 千克，机动滚轮为 80~500 千克，用于坪床修整滚轮以 200 千克为宜，幼坪则以 50~60 千克为宜。

3. 滚压时的注意事项

（1）草坪草幼嫩弱小时不宜滚压。

（2）在潮湿的土壤上，尽量避免高强度滚压，以免土壤板结，影响草坪草生长。

（3）在过于干燥的土壤上，要避免重压，防止草坪压实。

（4）滚压应结合打孔、疏耙、施肥、覆沙等管理措施进行。

（5）同一草坪，忌每次滚压都在同一起点，要按同一方向，同一路线进行。

（6）切忌带冰、带霜滚压。

4. 滚压机的操作

（1）滚压机开机前需检查设备外观，清洁机械碎屑，检查各运动部件是否有润滑油，是否能灵活动作。

（2）手扶式滚压机操作者只需自定路径，步行跟随操纵，控制滚筒运动即可完成滚压作业。

（3）乘坐式滚压机作业前需将机械链接到牵引车上，可根据需要的滚压重量向滚筒内注水或加沙，也可在滚筒上方设置配重平台。

（4）使用机械时操作员坐在座位上，握住方向盘，根据行驶方向移动踩踏板，注意踩踏板越深，移动速度越快；要停止机械时，松开行驶踏板；作业完成后，将机械停放在水平地面上并接合驻车制动器。

三、其他常规草坪机械基本操作

（一）草坪喷药机械的基本操作

1. 草坪喷药机使用前的注意事项

（1）全面检查喷药机的缸体是否干净，喷杆运作是否正常，芯滤网是否清洗干净，喷嘴是否正常工作等。

（2）检查汽油是否充足，机油是否适量。

（3）戴口罩、手套，穿好工作服和皮长靴。

（4）往药缸内注入 1/3 容积净水后，启动搅拌器并做加药准备。

（5）按指定药及剂量配药，配药须在指定容器进行，并将配好的药（充分溶解）缓缓加入药缸。

（6）缸内溶液达到指定数量要求时停止加入，盖好药缸盖，将药机驶入施药区域。

2. 草坪喷药机的使用注意事项

（1）喷药前须确定压力、速度，按主管指定的压力与速度操作。

（2）喷药过程中必须保持已调好的压力与速度。

（3）喷药时须注意本人、他人及机械的安全。

（4）施药结束后必须清洗药缸以确保缸体内无残余物。

（5）必要时加入洗洁精拆开各喷嘴，清洗每个滤芯。

（6）停放好喷药机后，施药人员须清洗手、脸以确保安全。

（7）药物的用量及施药区必须做记录，并汇报给主管。

（8）所有药物应按公司及部门环保规定妥善处理。

（二）覆沙机械的基本操作

这里以牵引式覆沙机为例，讲解覆沙机械的操作要点。

1. 牵引式覆沙机操作使用前注意事项

（1）检查设备。重点检查轮胎和车轮、液压系统，收取和检查顶车架、其他组件、输送带密封条和尾门密封条等。

（2）选择牵引车。

（3）将机械连接至牵引车。注意，连接时切勿站立在机械与牵引车之间。

（4）准备操作。选择铺撒模式，检查刀片，设置尾门、甩盘速度、滑动和输送带速度等。

2. 牵引式覆沙机操作注意事项

（1）操作机器时应全神贯注。不要做任何引起分心的事，否则，可能会造成人身伤害。

（2）在疲劳、生病或受酒精或药物影响时，切勿操作机械。

（3）操作机械期间，切勿在机械上搭载乘客，并让旁观者和宠物远离机械。

（4）确保手脚远离料斗。

（5）牵引车运转时，应留在座椅上。

（6）驾驶时集中注意力，降低车辆速度，并与沙坑障碍、沟渠、水障碍、斜坡、不熟悉地区或其他危险区域保持安全距离。

（7）在机械有载荷时，在起伏不平的地形上要降低车辆速度，以免导致机械变得不平稳。当心坑洞或其他潜在危险因素。

（8）在陡坡上操作时要特别小心。在斜坡上应保持直线上下，急转弯或在坡道上转弯时须减速行驶，尽量避免在坡道上转弯。

（9）避免突然停止或起动。在没有完全停下来之前，切勿从后退突然转为前进，也不能从前进突然转为后退。

（10）切勿尝试急转弯、突然操作或可能导致失控的其他不安全驾驶行为。

（11）机械转弯或后退时要留意周围。确保周围无人，所有人都应与机械保持安全距离，缓慢行驶。

（12）靠近或穿过道路时，密切注意交通状况，礼让行人和其他车辆。遵从机械在公路行驶或靠近公路行驶时应遵守的所有交通规则和当地法规。

（13）操作时应始终密切注意周围环境，避免碰到树枝、门侧柱和人行天桥等。确保头顶上有足够的空间，使得牵引车和操作人员头部可轻松通过。

（14）切勿在机械运行期间离开。

（15）装卸前，应确保机械连接至牵引车。

（16）切勿超出机械或牵引车的载荷极限。

（17）卸载或铺撒物料时切勿站在机械后面。双甩盘、交叉输送器和处理器可在高速操作时喷出颗粒和灰尘。

（18）请在水平地面上卸载，断开机械与牵引车的连接。

（19）切勿在机械处于完全抬起位置时行驶，这会增加机械翻倒的风险。

第三节　高尔夫球场草坪机械管理措施

机械管理制度是保证机械以最佳状态作业的重要环节，机械管理是否合理直接影响机械的使用性能。完善的管理方式能降低维修费用，延长设备使用年限，保证机械的无故障出勤率，提高使用效率，以最佳的状况进行草坪作业。本节从库房存放管理与出入库管理、安全使用管理与操作保养管理几个方面进行说明。

一、机械库房存放与机械出入库管理

（一）机械库房存放管理的要点

1. 机械的停放

每台机械必须规划出固定的位置，具备通畅的机械进出库和摆放空间，

机械与停放区均编号。小型背负式机械及零星维护类可制作货架摆放，尽量将小型机械与大型机械分区停放，合理利用有限的空间。

2. 库房的清理整洁

机械库房要具备良好的采光和通风条件，做到防风、防雨、防晒，避免机器部件因存放不良而过早老化。

库房可配备一套清洗设备和一套空气压缩机，还包括给水系统和安全的排水管道。要特别注意污水的排放，以免对环境造成污染。

机械库房地面最好做环氧地坪处理，减少因机械行走时扬起的灰尘。每天定期清扫库房、拖地、擦拭机械，保持库房的整体清洁。

3. 完善安全设施

（1）由于仓库内停放的机械设备多数是内燃发动机，并且一些小型手提养护设备的燃料也会存放于此，所以，防范火灾非常必要。

（2）机械存放区域严禁烟火，安全用电，严禁私拉线路及乱接电源。

（3）在库房悬挂相应防火警示标识。

（4）注意油料存放安全，油罐要在单独空间存放。

（5）配备包含消防栓和消防水龙的设置，以及灭火器的设置。定期检查消防设施是否有效。

（6）库房内保证良好的通风，最好安装排风装置。

4. 维修区域

维修区本身不会很大，但也需要进行分区，合理规划出如举升机、焊接区工作台、磨床的安放区以及小型维修工具区等区域，并预留小块维修区。

5. 场务仓库

多数球场的仓库均设置在机械库房内，主要是为了提高工作效率。场务仓库包括配件库、农具库、肥料库、农药库、杂物库等，需按实际情况进行合理划分。

（二）机械出入库管理

机械出入库管理制度能培养员工良好的操作习惯。出入库登记有助于机修部门及时了解机械状况，配合机械的例行巡检，有效预防机械故障，及时排除故障隐患，使操作人员更全面地了解机械。

1. 出库管理

（1）出库登记。凡使用机械，需步行至机械领用管理处进行签卡登记，然后步行至机械存放处取机械。

（2）出库前检查。机械出库时检查机械机油、燃油及水的标位是否正常，有无漏油、漏水、轮胎漏气，气压是否正常；滚刀类剪草机黄油润滑部位有无明显未擦拭的黄油；检查机械有无部件明显松动现象；各部件是否归位；剪草机类机械观察剪草高度表是否为本次使用的机型，刀具接触面是否良好等；如发现机械有故障无法使用时，应立刻通知机修人员抢修。如不能短时间内修好，须更换其他机械时，应将已登记的机械领用交机修人员注销，领用新机器，依照（1）执行。

（3）机械启动。做好登记后，确认车辆前后无人员和障碍物，准备启动发动机。柴油车确认熄火装置回位，检查预热情况；汽油车检查化油器阻风门拉线是否正常。确认各路安全互锁开关是否正常，离合器手柄及剪草、行走开关是否处于切断位置。低速运转发动机 2~3 分钟（冬季须延长至 3~5 分钟），剪草机类机械将附件或刀具等提升到位。

（4）出库。机械出库时按指定行走方向，小油门低速行驶，待出库后切换为正常速度。

设备出入库登记卡可参考表 7-1。

▶ 表 7-1　设备出入库登记卡

设备名称	
型号	
设备编号	
出库时间	
出库状况	
出库签字	
入库时间	
入库状况	
入库签字	
备注	

2. 入库管理

（1）机械清洗。原则上，机械所有工作部件须用高压气冲洗，因工作性质等因素水洗后应用高压气吹干，避免机械水洗锈蚀；水箱、发动机、电瓶桩头、散热器等每个工作日均需用高压气清洗，空滤芯视环境而定；打药机注意清洗药桶内农药，包括滤网、喷嘴及各管路；喷药架每次须清洁擦净，以减轻农药对机械的腐蚀；机械外表所有斑迹须用抹布擦拭，顽固草叶黏附行走滚筒及机械外表斑迹须用湿抹布擦拭；所有机械的清洗均需遵循发动机、电器元件不得水洗的原则进行。机械按水洗区及压缩空气清洗区指定位置停放清洗，清洗程序为：水清洗—空气清洁—水清洗—抹布擦干机械表面。所有机械清洗后机械不得有大量滴水入库，车身表面要干爽。

（2）机械入库。入库前做好机械检查，清洗过程中仔细检查机械状况有无异常后入库；机械应停泊在指定车位停放，注意车头一律向着箭头指示方向，且车身任何一个部位不得超出泊位线。

（3）入库登记。在机械设备出入库登记卡签上返回时间、姓名，机械作业及入库检查时发现任何异常，立即告知机修部门，并做好登记说明；凡领用机械未登记者，将予以警告；凡将登记卡带离卡位，涂改记录，或丢失者，将按球场相关制度进行处分。

二、机械安全使用管理与维护保养管理

（一）机械安全使用管理

机械使用过程中的安全管理是关乎机械和操作者安全的大事，俱乐部必须高度重视和强调安全管理。要做到安全使用、防止安全事故，主要从人员培训和安全操作程序两方面入手。

1. 人员培训

新员工入职以后，不能立即上岗。有的俱乐部未对新员工进行系统培训就安排新员工直接上岗或跟老员工一起工作，在工作中边做边学。这种方式弊端较多，不利于培养正确的操作习惯，容易误操作，造成机械行驶过快、超载、撞车等情况，缩短机械使用寿命，明显加大维修成本。因此操作人员和机修维保人员必须经过系统培训。首先进行安全知识和工作环境、工作范围的培训，再进行机械性能的讲解，最后才开始机械的实际操作培训。充分了解和掌握机器使用说明书中强调的安全注意事项，并养成

爱护机械的习惯，对延长机械使用寿命和保证机械出勤率都非常重要。在员工培训过程中要培养爱护及尊重设备的观念，并且在工作中要不断加强这种意识。

2. 安全操作程序

（1）操作人员上机时必须穿合身的工装、防滑平底工作鞋，女员工严禁穿裙装、佩戴饰品、穿高跟鞋，留长发的在工作期间要将长发盘固在头顶并用工作帽压住。

（2）机械操作责任到人，尽量做到定人定机。每日开机时应严格遵循启动流程进行。

（3）操作人员工作前必须查看场地，消除一切危害机器的隐患。在不良天气和恶劣环境下谨慎使用机器。

（4）开赴工作区域后于斜坡、转弯处、喷灌处、障碍区、穿越路缘石行驶时应减速慢行、注意避让，工作中应本着安全第一、谨慎驾驶的原则。所有机械只能走规定的道路，不得驶入禁止区域或难以通行地带。严禁逆向、超速行驶或非紧急情况下突然制动。

（5）在剪草作业前，查看草坪有无石块、树枝，喷头是否过高，草坪是否过湿或高低不平等不利于剪草的因素。

（6）在路面倾斜度超过20°或有滑移危险时禁止行驶，严禁在斜坡上泊车，车辆停稳后方可下车，停车时方向盘转向地势稍高一面，以防刹车失效出现溜车事故，除特殊原因外，下班后机械、车辆一律不准留在场地。

（7）密切注意草坪机械设备是否有异响、异味、高温等情况，不得带病作业。行驶时发现机械有异常响声、机件漏油、油管爆裂或其他损伤应立即停机，及时通报机修部门并随即简单处理现场，如用随车抹布封堵、擦拭漏油处等。

（8）在施肥、打药作业时，操作人员一律穿长衣、戴口罩和手套，不得吸烟，尽量处于上风处，防止造成中毒等伤害。

（9）严禁操作人员酒后或服用药物后操作机械，严禁机械上搭乘其他人员。

（10）驾驶机械时应精神集中，在使用机械中一定要做到慢停、轻放，小心使用。任何机械一律不得在草坪上加油。

（二）机械维护与保养管理

草坪机械设备的维护与保养，应坚持预防为主，注重维护保养制度、规程的制定和落实，并结合科学、规范的操作方法，实现草坪机械设备维护保养的制度化、常规化、规范化。

1. 建立规范的管理制度，编制切实可行的维护保养规程

建立草坪机械设备维护保养制度、草坪机械设备安全检查制度、草坪机械设备质量控制制度、设备维护保养备件资料保管制度、值班制度、各级岗位责任制、突发事件应急预案等。编制相关规程包括维护保养设备的种类、设备维护周期、维护保养的项目、具体操作方法、注意的事项等内容。

2. 制订详细的、有秩序的维护与保养计划

按厂家提供的使用说明书来制订计划进行日常和定期的维护与保养。计划中应包括具体时间安排、应维护保养的设备、应进行设备维护保养的人员等。

具体内容包含对设备的外部除尘、加油、紧固及内部清洁、局部检查等维护保养。对于定期的预防性维护保养，应对设备的主机部分或部件进行检查，必要时更换易损部件，以降低设备故障发生率。

3. 做好维护与保养记录

设置相应的草坪机械设备维修保养情况记录本，认真做好设备的维修、保养记录，包括维修时间、维修情况简述、更换配件情况等。设备日常维护与保养登记表、维修情况登记表可参考表 7-2 和表 7-3。

▶ 表 7-2　设备日常维护与保养登记表

设备名称		品牌	
设备编号		用途	
购入时间		单价	
执行时间		操作维护责任人	
维护保养项目	说明		备注
更换零件			
轮胎充气			
加注黄油			

续表

维护保养项目	说明	备注
更换液压油		
更换机油		
更换燃油滤芯		
更换机油滤芯		
更换空气滤芯		
更换轮胎		
更换刹车片		
更换电瓶		
更换火花塞		
滚刀开刃		
其他		

▶ 表 7-3　设备维修情况登记表

设备名称	
型号	
使用情况	
维修内容	
维修人员	
实际使用时间	
存在事项及需解决的问题	
设备清洗	
主管技师	
设备主管	
备注	

使用符合要求的正品零配件和高品质的油品对于维护机械设备非常重要。以机油为例，如果使用不合适的机油会造成发动机抱轴、发动机连杆断裂、缸体被打坏，乃至整个发动机报废。这就要求俱乐部尽可能使用供货厂家推荐的油品或者同级别的油品。

另外，因为使用不恰当的配件而造成设备损坏的现象也很多。以滤芯为例，如果为节省成本而选用较低等级的零件，过滤等级达不到要求，会导致灰尘、铁屑等杂物进入发动机或液压系统，从而造成运动部件之间的摩擦，加速零件的磨损，降低发动机和液压泵等部件的使用寿命。

（三）常见机械的日常维护与保养

机械日常维护中，应遵照"保养为主，修旧利废"的原则，降低维修成本，提高维修质量，禁止故障机械外出作业，保障使用部门的正常运作。由于球场机械数量偏多，其日常维护与保养方法也很接近。本书以球道剪草机和打孔机为例，简述日常维护与保养常识，其余机械可参考这两类机械进行维护与保养。

1. 球道剪草机的维护与保养

以美国 TORO 公司生产的 3550 型球道剪草机（图 7-21）为例，说明其维护与保养相关知识。

（1）维护安全

① 离开操作人员位置之前，请执行以下操作：将机械停在水平地面上；分离滚刀组，然后放低附件；接合驻车刹车；关闭发动机并拔下钥匙；等待机械完全停止。

图 7-21 3550 型球道剪草机

② 待机械组件冷却后再执行维护。

③ 如果可能，切勿在发动机运行时执行维护，远离活动部件。

④ 在机械下工作时务必要用千斤顶车架支撑机械。

⑤ 小心释放储能组件中的压力。

⑥ 确保机械的所有零件都处于良好工作状况，保持所有紧固件拧紧。

⑦ 更换所有磨损或损坏的标贴。

（2）维护计划（表 7-4）

▶ 表 7-4　球道剪草机维护计划表

维护间隔时间	维护程序
初次使用 1 小时后	上紧车轮螺母扭矩
初次使用 10 小时后	上紧车轮螺母扭矩；检查所有皮带的状况
初次使用 50 小时后	更换机油和机油滤芯
在每次使用之前或每日	检查安全带是否有磨损、切口及其他损坏。如果任何组件运转不正常，请更换安全带 检查连锁系统 检查机油油位 排干水分离器 检查轮胎气压 检查发动机冷却液液位 清洁散热器的杂物 检查液压管线和软管 检查液压油油位 检查滚刀到底刀的接触
每 25 小时	检查电解液液位（机器在存放期间每 30 天检查一次）
每 50 小时	润滑所有轴承和轴套（如果环境多尘，应每天润滑一次）
每 100 小时	检查所有皮带的状况和张紧力
每 150 小时	更换机油和机油滤芯
每 200 小时	维修空气滤清器（在极度不洁或多尘的条件下要更频繁） 上紧车轮螺母扭矩 检查手刹的调节情况
每 400 小时	检查燃油管线和接头 更换燃油滤清器过滤筒
每 800 小时	如果没有使用建议的液压油，或曾经使用备选液压油注入过油箱，请更换液压油 如果没有使用建议的液压油，或曾经使用备选液压油注入过油箱，请更换液压油过滤器
每 1 000 小时	如果使用建议的液压油，请更换液压油滤芯
每 2 000 小时	如果使用建议的液压油，请更换液压油
每两年一次	排干油箱并清洗干净

（3）剪草机日常维护和保养的具体内容

① 润滑：润滑轴承和轴套。将机器停放在水平地面上，放下滚刀组，接合手刹，关闭发动机，然后从点火开关上拔下钥匙。用2号锂基润滑脂定期润滑黄油嘴。

② 发动机维护：检查油位或向曲轴箱加油之前，必须关闭发动机，检查机油油位，如果油位较低，请取下加油盖，缓慢添加少量机油，不时检查油位，直至油位达到量油尺上的"已满"标记；维护空气滤清器，根据实际情况，拆下并更换滤清器，安装新的滤芯；更换机油和机油滤芯。

③ 燃油系统维护：包括油箱的定期清洗；检查燃油管线和接头，排干水分离器；更换燃油滤清器过滤筒等。

④ 电气系统维护：维护电池，检查保险丝。

⑤ 动力系统维护：检查轮胎气压，上紧车轮螺母，将牵引驱动装置调至空挡。

⑥ 冷却系统维护：检查冷却系统，清洁发动机冷却系统。

⑦ 刹车系统维护：调节手刹，皮带维护。

⑧ 控制系统维护：调节油门。

⑨ 液压系统维护：检查液压管线和软管，检查液压油，更换液压油，更换液压油过滤器。

⑩ 滚刀组系统维护：检查滚刀到底刀的接触，倒磨滚刀组。

2. 草坪打孔机的维护与保养

（1）每运转约50小时更换机油

定期检查机油油面，每运转50小时检查一次，确保机油在油标尺所规定范围内。当汽油机还是热的时候放油，这样可以保证机油迅速彻底排放。更换机油的方法如下：

① 取一个合适的容器放在汽油机下边，然后拧下机油尺、放油螺栓，把机油排放在容器中。

② 将使用过的机油彻底放完，装回放油螺栓并拧紧。建议把废机油装入一个可密封的容器内，送到当地的废油收购站，不要扔入垃圾箱内或倒入排水沟。

③ 把机械置于水平平面，从加油口注入机油。将机油加至油位上限。

④ 拧紧机油尺。

（2）每工作50小时应对空滤器进行维护

① 拧松空滤器盖螺钉并拆去空滤器盖。

② 取出外层滤芯，并清洗、晾干。

③ 取出内层纸质滤芯，轻轻拍打使其清洁，如果很脏应予更换。

④ 将外层滤芯及内层纸滤芯放入盖内并安装好。

在日常工作过程中，还需注意其他方面，如保持汽油机的清洁，加油、检查、维修、保养时，要拔下火花塞高压线，远离明火等。

（3）草坪打孔机的存储

如果3个月以上不使用草坪打孔机，则应按以下方法保管：

① 拧松燃油管，排干燃油箱中的燃油；松开化油器放油螺栓，放净其中的燃油；重新拧上放油螺栓，连接燃油管线，将燃油开关扳至关（off）的位置。

② 拧下火花塞，并向气缸内注入5~10毫升清洁的机油，转动发动机曲轴数圈，使机油均匀分布于缸套内壁上，然后装上火花塞。

③ 更换发动机机油。

④ 将启动绳拉至压缩上止点，以关闭进排气门，防止脏物进入气缸和腐蚀发动机。

⑤ 为防止腐蚀，草坪打孔机发动机表面应涂一层薄机油，给后轴承注润滑脂，链条涂机油，打孔针也要涂机油，各连接部位也要涂机油。

⑥ 擦净机身后保存。保存草坪打孔机的地方应无潮气、无尘埃，同时使机器处于水平位置。

思考与实训

1. 常见的高尔夫球场草坪养护机械有哪些？

2. 简述剪草类机械操作使用前注意事项。

3. 简述手推果岭剪草机的操作流程。

4. 简述打孔机械的操作注意事项。

5. 简述草坪梳草机的操作流程。

6. 简述机械出入库管理的要点。

7. 简述高尔夫球场草坪机械维护与保养管理的要点。

主要参考文献

［1］孙班军. 高尔夫球俱乐部管理［M］. 北京：人民体育出版社，2012.

［2］吴亚初. 高尔夫概论［M］. 北京：人民体育出版社，2011.

［3］周华庭，陈巨红. 高尔夫经营与管理实务［M］. 2版. 长沙：湖南人民出版社，2017.

［4］孙跃. 高尔夫导学［M］. 长沙：湖南人民出版社，2012.

［5］陈奕滨. 高尔夫俱乐部经营与管理［M］. 北京：旅游教育出版社，2015.

［6］吴亚初，李康，谭晓辉. 现代高尔夫俱乐部经营与管理［M］. 北京：人民体育出版社，2016.

［7］季建华. 运营管理［M］. 上海：格致出版社，2010.

［8］赵曙明. 人员培训与开发——理论、方法、工具、实务［M］. 北京：人民邮电出版社，2019.

［9］刘军胜. 薪酬管理实务手册［M］. 北京：机械工业出版社，2002.

［10］（美）约翰·P. 科特，（美）詹姆斯·L. 林斯克特. 企业文化与绩效［M］. 王红，译. 北京：中信出版集团，2019.

［11］杨蓉. 成本管理学［M］. 上海：华东师范大学出版社，2017.

［12］平准. 会计基础工作规范详解与实务［M］. 北京：人民邮电出版社，2019.

［13］冯永华. 丰田精益管理 成本控制与管理［M］. 北京：人民邮电出版社，2015.

［14］陈海权. 新零售学［M］. 北京：人民邮电出版社，2019.

［15］罗鸿，王忠民. ERP原理·设计·实施［M］. 北京：电子工业出版社，2016.

［16］黄丽坚．高尔夫营销策划管理［M］．广州：暨南大学出版社，2023．

［17］熊定勋，谭受清．高尔夫市场营销［M］．长沙：国防科技大学出版社，2005．

［18］张琳．高尔夫市场营销实务［M］．广州：暨南大学出版社，2017．

［19］董德杰．高尔夫俱乐部产品营销［M］．北京：人民体育出版社，2015．

［20］周华庭，陈冬祥．高尔夫市场营销实务［M］．长沙：湖南人民出版社，2013．

［21］吴克祥，袁铁坚．高尔夫球会管理［M］．天津：南开大学出版社，2009．

［22］金克林．高尔夫球会服务与管理［M］．北京：旅游教育出版社，2016．

［23］王晓俊．高尔夫会所服务与管理［M］．北京：人民体育出版社，2014．

［24］韩烈保，周国庆．高尔夫概论［M］．北京：旅游教育出版社，2012．

［25］蓝祖庆，陈盛炽．高尔夫球童服务与管理［M］．长沙：湖南大学出版社，2015．

［26］吴国栋，崔建宁．高尔夫球童服务知识与实践［M］．南京：南京大学出版社，2016．

［27］周云霞．仓储管理实务［M］．3版．北京：电子工业出版社，2015．

［28］慕国庆，李雪松．现代仓储运营管理［M］．北京：中国财富出版社，2017．

［29］赵涛．专卖店经营管理［M］．北京：北京工业大学出版社，2006．

［30］蒋小丰，孙跃．高尔夫球童实务［M］．长沙：湖南人民出版社，2012．

［31］郑青，龚平．高尔夫实习实训教程［M］．长沙：湖南人民出版社，2013．

［32］顾跃，何兵雄．高尔夫赛事组织与运作［M］．长沙：湖南人民出版社，2013．

［33］张松平，余华．高尔夫礼仪与规则［M］．长沙：湖南人民出版社，2013．

［34］姚远，李良忠．高尔夫赛事组织与管理［M］．北京：旅游教育出版社，2014．

［35］刘嘉龙，胡坚强，温燕，等．休闲活动策划与管理［M］．上海：格致出版社，2016．

［36］蓝祖庆，金克林．高尔夫导论［M］．长沙：湖南大学出版社，2014．

［37］（美）马斯特曼·G．体育赛事的组织管理与营销［M］．孙小珂，吴立新，金鑫，译．沈阳：辽宁科学技术出版社，2006．

［38］史国生，邹国忠．体育竞赛组织与管理［M］．南京：南京师范大学出版社，2008．

［39］李海，姚芹．体育赛事管理［M］．重庆：重庆大学出版社，2017．

［40］肖林鹏，叶庆晖．体育赛事项目管理［M］．北京：北京体育大学出版社，2005．

［41］张祖新，郑巧兰，王文丽，等．草坪病虫草害的发生及防治［M］．北京：中国农业科技出版社，1997．

［42］谭受清．高尔夫球场建造与草坪护养［M］．长沙：国防科技大学出版社，2004．

［43］韩烈保．高尔夫球场草坪［M］．北京：中国农业出版社，2004．

［44］马宗仁．现代高尔夫科学草坪技术［M］．天津：天津科学技术出版社，2008．

［45］孙吉雄，韩烈保．草坪学［M］．4版．北京：中国农业出版社，2015．

［46］张新全．草坪草育种学［M］．北京：中国农业出版社，2004．

［47］黄登峰，杨中意．高尔夫草坪实训教程［M］．长沙：湖南人民出版社，2012．

［48］郭庆．喷灌技术在球场草坪中的应用研究［J］．科技世界，2014（27）：211，275．

［49］卓红花．高尔夫球场灌溉系统用泵站［J］．通用机械，2011（06）：80-83．

［50］李广竹．高尔夫球场草坪喷灌系统设计浅谈［J］．综合排水，

2001（05）：64-65.

［51］肖远金. 喷灌系统的使用维护与故障排除［J］. 河北农机，2005（03）：24.

［52］张得玉. 高尔夫球场草坪机械及球车选配研究［D］. 北京：北京林业大学，2016.

［53］张兆松. 高尔夫草坪机械管理［J］. 世界高尔夫，2011（07）：102-104.

［54］钱宇. 草坪养护机械的主要类型及规范作业［J］. 新农业，2015（15）：29-31.

［55］刘旭中. 浅谈观赏草坪修剪机具的使用及养护［J］. 太原城市职业技术学院学报，2013（05）：172-173.

郑重声明

高等教育出版社依法对本书享有专有出版权。任何未经许可的复制、销售行为均违反《中华人民共和国著作权法》，其行为人将承担相应的民事责任和行政责任；构成犯罪的，将被依法追究刑事责任。为了维护市场秩序，保护读者的合法权益，避免读者误用盗版书造成不良后果，我社将配合行政执法部门和司法机关对违法犯罪的单位和个人进行严厉打击。社会各界人士如发现上述侵权行为，希望及时举报，我社将奖励举报有功人员。

反盗版举报电话　（010）58581999　58582371
反盗版举报邮箱　dd@hep.com.cn
通信地址　北京市西城区德外大街 4 号　高等教育出版社法律事务部
邮政编码　100120

读者意见反馈

为收集读者对教材的意见建议，进一步完善教材编写并做好服务工作，读者可将对本教材的意见建议通过如下渠道反馈至我社。

咨询电话　400-810-0598
反馈邮箱　gjdzfwb@pub.hep.cn
通信地址　北京市朝阳区惠新东街 4 号富盛大厦 1 座
　　　　　高等教育出版社总编辑办公室
邮政编码　100029

防伪查询说明

用户购书后刮开封底防伪涂层，使用手机微信等软件扫描二维码，会跳转至防伪查询网页，获得所购图书详细信息。

防伪客服电话　（010）58582300